MW01274211

LA MAS BELLA HISTORIA DEL HOMBRE
DEL HOMBRE
Cómo la Tierra se hizo humana

ANDRE LANGANEY
JEAN CLOTTES
JEAN GUILAINE
DOMINIQUE SIMONNET

LA MAS BELLA
HISTORIA DEL
HOMBRE

Cómo la Tierra se hizo humana

EDITORIAL ANDRES BELLO
Barcelona • Buenos Aires • México D.F. • Santiago de Chile

Traducción de Oscar Luis Molina

Título original en francés
LA PLUS BELLE HISTOIRE DE L'HOMME
Comment la Terre devint humaine

© EDITIONS DU SEUIL, 1998

© EDITORIAL ANDRES BELLO
Av. Ricardo Lyon 946, Santiago de Chile

Derechos exclusivos para América Latina

Inscripción Nº 110.134, año 1999
Santiago-Chile

Se terminó de imprimir esta primera edición
de 4.500 ejemplares en el mes de septiembre de 1999

IMPRESORES: Salesianos S. A.

IMPRESO EN CHILE/PRINTED IN CHILE

ISBN 956-13-1595-5

Contenido

PROLOGO

Y, de súbito, el hombre... Un día, no hace tanto tiempo, este curioso animal se apartó de sus congéneres. Se distanció de la naturaleza, la colonizó, la trascendió, la transformó. Inventó la pareja, la familia, la sociedad. Y el poder, el amor, la guerra... ¿Por qué? ¿De dónde le vino esa disposición para el descubrimiento, esa sed de conquista? Sí, ¿por qué el hombre? ¿Cómo nos convertimos en lo que somos?

Se creía que todo se había dicho acerca de nuestros orígenes, creíamos conocer muy bien nuestros antepasados, y los considerábamos con condescendencia, como extraños inconclusos, poco evolucionados. Y no obstante... La ciencia nos revela hoy más de algo de qué asombrarnos: nuestra propia naturaleza –apariencia, herencia, inteligencia–, pero también nuestra propia cultura –comportamientos, modos de vida, imaginario– fueron selladas, hace varios milenios, por nuestros primerísimos abuelos. Y no ha cambiado demasiado nuestra identidad desde entonces. En cierto sentido, estaríamos todavía hoy en la prehistoria de la humanidad.

Lo descubrimos en *La más bella historia del mundo* (Andrés Bello, 1997), con Hubert Reeves, Jöel de

Rosnay e Yves Coppens: el ser humano resulta de esa prolongada evolución del universo y de la vida que desde hace quince mil millones de años empuja en el sentido de una creciente complejidad: átomos, moléculas, estrellas, células, seres vivientes y nosotros, hombres, que no cesamos de preguntarnos de dónde venimos... Todos unidos como eslabones de una misma cadena, desde el Big Bang hasta la inteligencia humana. Descendemos entonces de los simios y de las bacterias, pero también de las estrellas y de las galaxias.

Aquí vamos a relatar la continuación de esa fascinante epopeya. Los acontecimientos se apresuran en el curso del período decisivo en que la inteligencia reemplaza a la materia. En un principio hay una sola población de cazadores recolectores, tan pequeña que por poco desaparece: en cierto sentido, todos somos supervivientes de la Historia... Mientras colonizan el planeta desde (-) 100.000 años, esos aventureros se multiplican y despliegan una serie inaudita de invenciones: el arte, lo sagrado, la religión. Después, hacia (-)10.000 años (es decir 10.000 años antes de Jesucristo), la sedentarización, la agricultura, la crianza de animales y sus corolarios: la propiedad, las jerarquías, las desigualdades... La sociedad organizada, en suma, y pronto el Estado... Como si un formidable engranaje hubiera arrastrado a los hombres por la pendiente irresistible de la civilización.

En el curso de estas páginas se podrá hallar algunas similitudes entre las revelaciones de la ciencia y algunas de nuestras creencias. La luz del Big Bang ya evocaba la del Antiguo Testamento ("¡Que se haga la luz!"); los orígenes de la vida resuenan bellamente con mitos antiguos. Aquí descubriremos que la sabana paleolítica a veces tiene aspecto de paraíso en la Tierra, y que el grupo de colonos fundadores de la humanidad muy bien podría encontrar su lugar en los escritos bíblicos... Pero repitámoslo: la religión se apoya en la fe. La ciencia, en los hechos. Los dos universos no compiten.

Nuestro relato se apoya en el verdadero enjambre de descubrimientos recientes. Se creía que ya se había hallado lo esencial, que se había excavado suficientemente el planeta, cribado los suelos, explorado las cavernas... Sin embargo, desde hace algunos años, no se cesa de exhumar maravillas: fósiles con la piel intacta, grutas de belleza inigualada, vestigios de casas y de aldeas que nos aportan nueva luz acerca de nosotros mismos. También se han renovado los métodos: ya nada se deja al azar. Se estudia el menor fragmento óseo, el más pequeño residuo de carbón, el polen ínfimo y el menor grano. Los restos de un viejo fuego de madera a veces bastan para reconstruir la comida de nuestros antepasados, su hábitat, el paisaje que les rodeaba y hasta las relaciones sociales que los vinculaban...

Además de la arqueología, una cantidad de disciplinas modernas aporta hoy su grano de arena. Los biólogos hacen hablar los cromosomas y encuentran, en la intimidad de nuestros genes, las huellas de viejas colonizaciones; los físicos pueden fechar unos cuantos átomos de pinturas tomadas de una roca con sus enormes aceleradores de partículas; los lingüistas establecen la genealogía de nuestros dialectos; los

11

etnólogos adivinan en las culturas del planeta los gestos y creencias de antaño... Y ayudan los botánicos, los neuropsicólogos, los zoólogos, hasta los artistas... Todos colaboran para que podamos mirar mejor nuestros orígenes.

Pero, tranquilidad: a pesar de ese despliegue impresionante de ciencias, no utilizaremos aquí ninguna jerga. Como la anterior historia del mundo, este relato se dirige a todos, adultos y adolescentes, sea cual sea su nivel de conocimientos. Es sencilla la regla del género: planteamos todas las preguntas, sobre todo las más elementales, como hacen los niños, pues siempre son las más pertinentes. Y no sólo preguntamos lo que la ciencia sabe, sino también cómo lo sabe.

Nuestra comedia humana se desarrolla en tres actos que cuentan tres conquistas –la del territorio, la de lo imaginario, la del poder– en un diálogo con tres de los mejores especialistas en esas materias. Los mayores investigadores suelen ser excelentes vulgarizadores, sin duda porque saben tomar distancia de sus propios trabajos y desprender de ellos el sentido profundo. La especie es escasa, entonces, pero de ella forman parte, felizmente, nuestros tres interlocutores: científicos de renombre mundial, personalidades excepcionales, también son talentosos narradores. Durante un verano, en los yacimientos donde se excava o se exhuma una aldea del pasado o en el secreto de misteriosas grutas adornadas, se prestaron al juego de la conversación distendida. Este libro es el fruto de encuentros muy amistosos, dominados por la pasión, el humor y a menudo la emoción.

Nuestro primer acto se inicia en la sabana natal, cuando el animal humano intenta distinguirse de sus primos simiescos. ¿Por curiosidad? ¿Por necesidad? Los primeros cazadores recolectores africanos dejan la cuna africana para hacerse viajeros. Una vez conquistada la Tierra, la nación de los hombres se multiplica y diversifica, se modifican los colores de la piel, florecen lenguas. Es la primavera de los pueblos, de las etnias. Ya hay mezcla, mundialización...

Se plantea entonces, de partida, la unidad de la especie. Desde ese fondo común, los humanos van a inventar una gama de modos de vida, de tradiciones, de comportamientos. ¿Por qué distinguirse así del mundo salvaje? ¿Qué los impulsa a diversificarse? ¿Cómo opera su selección el entorno? La ciencia nos dice hoy que es imposible separar a la población en categorías. La noción de raza humana no tiene ningún sentido preciso. Cada ser humano lleva en sí los mismos genes que su vecino. ¿Pero por qué hay pieles negras y pieles blancas? ¿Qué hace verdaderamente la diferencia? Preguntas preñadas, por cierto, de consecuencias.

André Langaney no acostumbra esquivarlas. De niño quiso ser guardián de zoológico, y marcaba caracoles y hormigas para poder seguir mejor sus huellas. Muy pronto comprendió que también sería interesante seguir la pista del animal humano. Genetista, especialista en poblaciones, se convirtió en uno de los primeros que aplicó los métodos modernos de la biología a la comprensión del pasado. No se contentó con escrutar los genes humanos en el fondo de sus probetas; los persiguió en algunos territorios privilegiados, especialmente en las poblaciones de Senegal

13

oriental y de Groenlandia. Este investigador, que se ha perfeccionado en Estados Unidos y ejerce un alto cargo en el Museo del Hombre, en París, y en la Universidad de Ginebra, es famoso por su franqueza. Siempre está pronto para entrar en liza y evitar que la ciencia sirva de pretexto para falsas diferencias o verdaderas discriminaciones.

En el acto segundo los humanos cobran altura. Alzan los ojos al cielo, interrogan sus orígenes e intentan representarse el mundo que habría más allá del horizonte. Unos treinta mil años antes de Gauguin, Seurat y Picasso, toman carboncillo, pigmentos, pinceles y van a lo más distante, a lo más profundo de las grutas para decir sus creencias y pintar sus visiones. Sólo hoy se comienza a comprender la sorprendente maestría con que trabajaron estos antepasados. Y también con qué fervor: al decorar las paredes de sus cavernas trataban de comunicarse con los espíritus, de pasar al otro lado del espejo. En este festival de arte y de belleza se desarrolla el sentido de lo sagrado y se esboza la religión.

Allí se expresó entonces nuestro imaginario, en el secreto de santuarios que hoy se continúa descubriendo y explorando. ¿Por qué esos gestos gratuitos? ¿Por qué el arte se expandió en las tinieblas? ¿A qué dioses se dirigían esos bisontes enigmáticos y esos caballos esculpidos? ¿Qué nos dicen de la prehistoria esos jeroglíficos?

Jean Clottes, conservador general del Patrimonio, experto mundial en grutas decoradas, hace mucho que intenta meterse en la cabeza de nuestros antepasados. Y lo ha conseguido. Pasa gran parte de su vida en el silencio de esas cavernas, inmerso en el estudio de los más antiguos frescos de la humanidad. Niaux, Cosquer, Chauvet. Los conoce todos de memoria, es el protector, encabeza el Comité Internacional de Arte Rupestre. La pasión también le viene desde la infancia: de pequeño seguía a su padre, uno de los pioneros de la espeleología, por el subsuelo de Aude y de Ariège. Las primeras osamentas humanas que encontró –cuatro mil años, una miseria...– decidieron su vocación. Conoce el precio de las cosas del pasado y las relata apasionada y enfáticamente.

En el tercer acto una idea cambia el mundo. ¿En qué astuto espíritu germinó diez mil años antes de nuestra era? En lugar de plegarse a los caprichos de las estaciones, en lugar de agotarse siguiendo animales, comprende que puede controlar la naturaleza y ensaya un gesto nuevo: siembra el primer grano, cría el primer cordero. ¡Una revolución! Por todas partes, en el planeta humano, se hace un alto, se desbroza, se rotura, la gente se instala, se crean las primeras casas, las primeras aldeas. Se altera la visión del mundo. También los modos de vida: ahora hay que organizarse, darse jefes, perdurar en el territorio, mantener la autoridad. Es el inicio del poder, el esbozo del Estado...

Nuestra cultura se forjó en ese crisol, hace algunos milenios, y perduró por lo menos hasta la revolución industrial del siglo diecinueve. ¿Por qué la idea ancestral nació simultáneamente en algunos hogares precursores dispersos en el planeta? ¿Por qué partió, otra vez, del Oriente Medio para "evangelizar"

Europa? ¿Hubo una lógica de evolución intelectual que condujo a los hombres a esta alteración? ¿El poder era el resultado inevitable de la sedentarización?

Jean Guilaine, profesor del Collège de France, conoce mejor que nadie esta profunda mutación, esta "neolitización" que cambiaría definitivamente el destino de la humanidad. Durante su infancia, como dice, vivió inmerso en un ambiente rural, en la región cátara, por fuerza sensibilizada a la Historia. A los dieciocho años descubrió yacimientos neolíticos únicos. Su futuro quedó trazado. Especialista mundial en ese período, recorre desde entonces la cuenca mediterránea auscultando los vestigios de las primeras aldeas, reconstruyendo el cuadro de la vida de los primeros asentamientos. Interrogar nuestros orígenes le parece un medio de aclarar nuestro actual comportamiento y de indagar en las fuentes de nuestra identidad.

Pues, en realidad, aún estamos allí, muy instalados sobre lo que adquirimos en el neolítico. La gran empresa del hombre de hace algunos milenios está acabándose en estos momentos: el globo está conquistado, y sometido el mundo salvaje. Termina la humanización del mundo, su "artificialización". No hay América por descubrir ni tierras por conquistar. Es el fin de la naturaleza, por lo menos de su versión original. Quizás también sea el fin de cierta idea del progreso.

Es verdad que el decorado ha cambiado desde los tiempos de nuestros primeros abuelos: la aldea ahora es planetaria, el espacio es mundial y el tiempo instantáneo. Ya no se intercambia sílice sino información. El planeta se ha reducido: se le puede abarcar

16

con la mirada desde los satélites y considerarlo globalmente... ¿Pero hemos avanzado verdaderamente desde esos tiempos prehistóricos? Si bien han progresado, no hay duda, nuestras técnicas, conocimientos y visión del mundo, ¿podemos decir lo mismo de nuestros valores, de nuestra "humanidad" en el sentido filosófico de la palabra? Mirando este siglo, que rebosa de saberes adquiridos pero también de inédita barbarie, cabe la duda. Abordaremos esa discusión a modo de epílogo.

Fin de la naturaleza, entonces. Fin de un capítulo de la aventura terrestre. Pero no, por cierto, el fin de la Historia. La del hombre y la mujer apenas comienzan. El planeta ya es humano. Misión cumplida. ¿Y qué se hace ahora? ¿Cómo desarrollarse en un mundo que sabemos limitado? ¿Qué nueva idea de evolución intentar? ¿Cómo proseguir esta historia para que siga siendo o sea la más bella? Preguntas que se nos plantean con indudable urgencia.

Se lo comprenderá en el curso de estas páginas: esta mirada que proyectamos sobre nuestro pasado nos sugiere una manera nueva de pensar: quizás habrá que efectuar otra revolución conceptual, por lo menos tan decisiva como las del neolítico... Sabemos, sin embargo, que conviene desconfiar de las apariencias: bajo nuestros hábitos civilizados se oculta una piel áspera venida desde la noche de los tiempos. El primate está en nosotros, dormitando. No hay que olvidarlo: siempre estamos en la prehistoria. Depende de nosotros que sepamos mudar de piel.

DOMINIQUE SIMONNET

17

ACTO I

La conquista del territorio

En la tierra natal

En alguna parte, en la noche de los tiempos, un extraño y turbulento simio intenta distinguirse del mundo animal. En su intimidad, en el corazón de sus células, ya se esboza el destino de la humanidad.

El animal humano

– **Dominique Simonnet:** *Hubo necesidad de miles de millones de años para que se formara la Tierra y para que se desarrollara un fenómeno único en este rincón del universo: la vida. Pero los primeros hombres aparecieron hace sólo tres millones de años y hace apenas 100.000 que nuestros directos antepasados, los homo sapiens, comenzaron a moverse... La historia del hombre, que vamos a relatar en estas páginas, sólo es un destello irrisorio si se la compara con la larga historia del mundo desde el Big Bang. ¿Por qué esta revolución humana? ¿Hoy se sabe cómo se separó el ser humano del mundo animal?*

– **André Langaney:** El hombre no desciende del simio, como se dice tan a menudo. Es un simio. Hay una continuidad en la historia del mundo, del Big

Bang a la vida en la Tierra y hay también una continuidad entre nuestros antepasados primates y nosotros mismos. Lo sabemos hace ya un siglo, gracias al estudio de los fósiles. Y hoy tenemos la prueba gracias a la genética. Nuestros genes, esas porciones de cromosomas encerradas en nuestras células, determinan lo que somos: individuos de la especie humana. Y bien, los genes humanos no son completamente originales. La mayoría son idénticos a los de los chimpancés, algunos se parecen a los de la mosca y del plátano… Somos parientes muy cercanos de los otros primates, pero también de los mamíferos y del conjunto del mundo viviente.

– *¿Cuál es entonces la diferencia? ¿Qué nos hace humanos?*

– Lo que funda la originalidad de nuestra especie es precisamente el hecho de que una diferencia tan débil pueda tener consecuencias aparentemente tan espectaculares, que modifique el cerebro humano al punto de concederle aptitudes que no posee el cerebro animal. ¿Pero son tan importantes, como se dice, esas diferencias? Siempre se propende, por ejemplo, a subestimar las capacidades de los chimpancés.

– *¿En qué?*

– Los chimpancés utilizan instrumentos de piedra que a veces conservan para volver a usarlos, o varillas de madera para cazar termitas que fabrican y renuevan en cada ocasión. Inventaron el material desechable mucho antes que nosotros. También son capaces de arrojar piedras... Entre estos instrumentos y las piedras de los primeros hombres, talladas sumariamente para presentar una arista cortante, no hay una diferencia evidente...

¡Viva la gramática!

– ¿Dónde reside entonces la verdadera diferencia?

– De hecho, lo que distingue verdaderamente a nuestra especie de las otras es nuestro lenguaje: somos capaces de combinar palabras, según una gramática, para construir frases, y éstas adquieren así un sentido superior a la simple agregación de palabras. Es un lenguaje "de doble articulación" de palabras y sentido. Sólo el cerebro humano es capaz de comunicar información de este modo. Se ha demostrado que los grandes simios pueden aprender varios cientos de palabras, hasta 900 en el caso de algunos chimpancés. Pero ellos no producen espontáneamente frases nuevas.

– ¿Quizás se ha sido mal pedagogo con ellos?

– Quizás... Pero se ha intentado, durante años, enseñarles a asociar más de dos palabras. Sin éxito. Y se sabe que su cerebro, al revés del nuestro, no dispone de las mismas zonas especializadas para el tratamiento del lenguaje... Los simios poseen una memoria. Pueden comprender palabras. Pero, mientras no se pruebe lo contrario, no pueden adquirir una gramática.

– *¿Ni siquiera un pequeño esbozo?*

– Hay en la naturaleza sistemas de comunicación muy sofisticados, por cierto entre los primates, pero también por ejemplo entre los aliolines, pajarillos que disponen de cincuenta gritos diferentes, con un sentido asociado a cada una de esas señales. Pero esto no es lo mismo que frases. Los lingüistas no han encontrado ningún intermediario entre estos códigos animales de señales y nuestro lenguaje de doble articulación. Es lo uno o lo otro: o se tiene gramática o no se la tiene. ¿Por qué? Misterio. Ni siquiera contamos con una hipótesis para responder esto.

– *¡La gramática sería entonces la gran especificidad humana! ¡Curioso descubrimiento!*

– Sí. Suelo decir a los niños: "¡Si no aprenden gramática, serán unos simios!" Sucede a veces que se eduque a seres humanos en condiciones en que no pueden aprender su lengua materna: fue el caso de los esclavos deportados a quienes se prohibió practicar su lengua y que se vieron inmersos en la cultura francesa o inglesa. Bien, se comprobó que la primera generación habló muy mal la lengua de los colonizadores; intentaron entonces una suerte de nuevo lenguaje con su propia gramática. En la segunda generación, ese lenguaje se convirtió en un *créole,* con todas las propiedades de una lengua. La capacidad lingüística parece entonces propia del cerebro humano, y la ponemos en práctica apenas contamos con palabras para decirla.

Desde el Polo hasta el Sahara

– ¿Esa sería, para usted, la única característica verdaderamente humana?

– Hay una segunda, que la primera, sin duda, permite: nuestra capacidad de diversificarnos. En la naturaleza, una misma especie animal ocupa siempre el mismo tipo de entorno y en él adopta una misma gama de comportamientos. Así, por todas partes en el planeta, todas las poblaciones de una misma especie ocupan el mismo tipo de hábitat, viven del mismo modo, comen del mismo modo, organizan sus sociedades del mismo modo... Están guiadas por constreñimientos fisiológicos y biológicos. Algunas especies de simios son polígamas: entonces lo son todos los simios de esas especies. Otras especies practican la fidelidad de por vida, como los gibones, y todos los gibones lo hacen... Aparte algunas variaciones de detalle, especialmente entre los chimpancés, todos los individuos de una misma especie siguen, pues, la norma general de la especie.

– ¿Y las únicas excepciones son los seres humanos?

– Sí. Somos capaces de vivir tan bien en los hielos del Polo como en las arenas del Sahara, pasando por todos los entornos marítimos y terrestres imaginables. Intentamos estructuras sociales que cambian por completo de una población a otra, de una etnia a otra. La especie humana se ha diversificado en miles de etnias distintas, sigue normas que ya no están determinadas por la biología como en el caso de los animales, sino que se aprenden. Y conoce una inmensa variedad de comportamientos, estructuras sociales, entornos...

– *La gramática y la facultad de diversificarnos: por eso no somos simios como los otros. ¿Se sabe en qué momento nos llegaron esos dos dones?*

– Misterio... ¿En qué fecha adquirimos las potencialidades de nuestro cerebro? ¿Aparecieron hace mucho y estuvieron mucho tiempo sin ser utilizadas? ¿Los primeros humanos eran capaces de expresarse como nosotros? ¿O hablaban sumariamente? Nadie puede decirlo. De esa historia no queda nada.

– *¿No constituye una etapa decisiva el dominio sobre la herramienta? Se necesita comunicar para aprender a talar piedras y para mostrarlas a los congéneres...*

– Hay quien dice eso. Es falso: los animales son capaces de aprender sofisticadas técnicas por imitación y no necesitan de un lenguaje para ello. Pero sí sabemos, en cambio, que en Palestina hace cien mil años había gente que inhumaba sus muertos con ritos funerarios –se ha encontrado polen de flores y ofrendas de cornamentas de cérvidos en sus tumbas–: resulta difícil imaginar esas prácticas sin un lenguaje. Este apareció, entonces, entre dos períodos: el momento en que los dos linajes, el de los simios y el de los hombres, se separan a partir de un antepasado común, hace alrededor de siete millones de años; y el momento en que se desarrollan el arte, los rituales, la espiritualidad que, es obvio, no podían existir sin palabras, hacia (-) 100.000 años. La adquisición del lenguaje sucedió sin duda en dos tiempos: primero la adquisición de la competencia lingüística y en seguida su puesta en práctica. Pero ni los paleontólogos con sus

26

fósiles ni los biólogos con sus genes pueden fecharla con precisión.

Nuestro vecino, el antepasado

– Regresemos entonces al origen. Nuestra historia comienza hace siete millones de años en la tierra natal: sin duda en África oriental, en algún lugar próximo al valle del Rift. Allí nuestro linaje se aparta del de los simios, a partir de un ancestro común, como hemos recordado con Yves Coppens en La más bella historia del mundo. *Recuérdenos la fisonomía de ese pequeño animal.*

– Era pequeño, en efecto, como usted dice. Se trata de un fenómeno habitual en la evolución, que se observa entre los mamíferos, por ejemplo: los antepasados suelen ser menos especializados, pero también más pequeños que sus descendientes. El antepasado común de los simios y de los hombres debió ser bastante más pequeño que sus descendientes australopitecos, los cuales, según su esqueleto, medían un metro de altura. Debía tener piernas relativamente largas y un cráneo redondo, bien instalado sobre la columna vertebral. Era, sin duda, nocturno, como suelen serlo los animales pequeños que así se protegen mejor de los depredadores, y debía adoptar una postura vertical si descendía a tierra.

– ¿Ya erguido sobre sus patas posteriores?

– Sí. La fórmula "el hombre desciende del mono" nos sigue induciendo a error. Se suele imaginar a

27

este antepasado como una especie de animal balanceándose en sus cuatro patas, con una columna vertebral horizontal rematada en un cráneo. Habría que verlo, más bien, como un pequeño primate que trepaba por los troncos o pasaba de rama en rama sujetándose con sus miembros superiores, pero que ya poseía, como el gibón, un cráneo redondo posado sobre una columna vertebral vertical.

– *¿La postura erguida es causa de nuestra evolución o su consecuencia? Es una pregunta de Yves Coppens. ¿Cree usted que el erguirse sobre las patas traseras hace lo humano?*

– Me parece que el ser bípedo permitió, por cierto, la adquisición de caracteres humanos, pero que no los gatilló. En particular, no veo cómo habría provocado la modificación del cerebro o la aparición del lenguaje. El humano desciende, más bien, de un mal trepador ya bípedo. Más tarde, australopitecos como Lucy, que escalaba con frecuencia los árboles, también tendrán una marcha por completo bípeda.

Amores microscópicos

– *Y después diverge la historia de unos y otros, los descendientes de ese antepasado común se separan. Por un lado los que darán origen a los simios actuales; por otro, los que serán antepasados de los humanos. ¿Qué sabemos hoy de ese gran acontecimiento?*

– Podemos pensar que tres linajes se apartaron a partir del antepasado común: el que dio los gorilas, el que dio los chimpancés y el que dio a los humanos.

– *¿Cómo puede afirmar esto?*

– Sabemos que en nuestras células los cromosomas están compuestos por ADN, largas hebras de moléculas torcidas en doble hélice y enrolladas de un modo muy complicado. En laboratorio se puede acercar dos hélices simples de ADN, provenientes de dos especies diferentes, para verificar si se "reconocen", es decir si consiguen hacer, juntas, una doble hélice, y encuentran espontáneamente su correspondiente, un poco como las dos partes de una cremallera. Resultado: entre el ADN humano y el ADN de conejo, la tasa de reconocimiento es del orden del 80%. Entre un humano y un chimpancé el resultado es asombroso: casi la totalidad del ADN humano (999 por 1.000) se hibrida con el ADN del chimpancé. Lo que demuestra que las dos especies son muy cercanas. Otras experiencias lo confirman.

– *¿Nos podría decir algo?*

– Los biólogos tienen ahora la posibilidad de visualizar los cromosomas de seres vivientes. Para lograrlo se toma una muestra de sangre, se cultiva las células y después, al cabo de una serie de operaciones químicas, se colorean los cromosomas que están al interior de los núcleos celulares y se los fotografía con microscopios ópticos de alta resolución.

29

– *En cierto sentido, son fotografías de la identidad genética de la especie.*

– En cierto sentido. Son imágenes que permiten analizar en detalle la estructura de los cromosomas. De este modo se ha descubierto que casi la totalidad de los genes humanos están organizados como los del chimpancé, pero que no siempre están situados en el mismo lugar de los cromosomas: se han comprobado nueve grandes diferencias de emplazamiento entre las dos especies. Por ejemplo, el segundo par de cromosomas humanos equivale a la adición de dos pares que se encuentran separados en el chimpancé.

– *Interesante, ¿pero qué significa?*

– Muestra que en el curso de la evolución los cromosomas a veces se han partido, trozos se han disociado o vuelto a juntar… Es lo que separa a las especies. Si se compara el ADN de todos los primates, se llega a determinar en qué línea se han producido estos cambios. Algunos cromosomas son idénticos en humanos, chimpancés y gorilas; otros son comunes a los humanos y a los chimpancés, pero en los gorilas son diferentes; otras estructuras se hallan en gorilas y chimpancés, pero no en los humanos…

– *¿Y qué se concluye?*

– Esto significa que estos tres linajes, descendientes de un mismo antepasado, los prehumanos, pregorilas y prechimpancés, han continuado cruzándose…

30

– *¿Es decir, mezclándose, haciendo bebés?*

– Sí, por lo menos durante un tiempo después de su separación. Según los investigadores franceses Bernard Dutrillaux y Jean Chaline, la hipótesis más sencilla sería que las tres familias se habrían repartido en áreas geográficas contiguas y los intercambios habrían sido más frecuentes entre las poblaciones vecinas de prechimpancés y pregorilas por una parte y de prehumanos y prechimpancés por otra.

Paleolitic Park

– *Los paleontólogos, estudiando sus viejos fragmentos óseos, nos cuentan que los australopitecus, que vivieron mucho tiempo, entre (-) seis millones y (-) tres millones de años, son los prehumanos. ¿Qué dicen los genetistas? ¿Podemos imaginar que un día se encuentre un poco de ADN en un esqueleto que entonces nos podría revelar los secretos de nuestros lejanos antepasados, un poco como en el filme* Jurassic Park?

– Sería en efecto fundamental conocer las secuencias de ADN de nuestros antepasados: se podría comprender cómo se separaron las especies, qué forma ancestral nos proveyó de nuestra actual identidad... Pero las manipulaciones del ADN de dinosaurios, como en *Jurassic Park,* son cosa de cine, no de ciencia. Sólo se puede recuperar ADN en restos de piel disecada, momificada y en algunas huellas en los huesos siempre que éstos no sean demasiado viejos.

– *¿Es decir?*

– No más de unas decenas de milenios, si no los huesos se mineralizan. Ya no hay, parece, la menor partícula ósea en el esqueleto de la famosa australopiteca Lucy, por ejemplo: ya es piedra. Por lo demás, cuando se levanta uno de esos huesos, sorprende su peso: intuitivamente, uno piensa que va a sentir un peso mucho más ligero. No hay la menor posibilidad de hallar allí ADN o proteínas.

– *¿Y se ha descubierto en huesos menos antiguos?*

– Sí. Hay investigadores que han trabajado en el ADN de momias de varios miles de años y en cerebros de indígenas de ocho o nueve mil años, fosilizados en las turberas de Florida. Entonces se ha podido estudiar sin problemas algunos genes. Nada de revolucionario: se ha confirmado su relación con los actuales indios de América; nada más.

Fósiles en nuestras células

– *¿Nada se ha encontrado en los restos de australopitecos ni en sus descendientes, los humanos, es decir, por orden de aparición, en el* Homo habilis, *después en el* Homo erectus *y finalmente en el* Homo sapiens?

– Poca cosa. Se consiguió recuperar un fragmento de ADN "mitocondrial", es decir proveniente del exterior del núcleo de la célula, perteneciente a un hombre de Neandertal, la famosa especie de *Homo sapiens* que como veremos, se extinguió. Aquella breve secuencia de 300 pares de base (nuestro patrimonio humano contiene tres mil millones) resultó ser diferente de la que actualmente se conoce en el patrimonio genético de nuestros contemporáneos. ¿Existe aún en nuestra especie? No se sabe. En cualquier caso, no se parece a las secuencias que se han analizado en seres humanos actuales. Pero sólo conocemos cinco mil y somos seis mil millones de individuos...

– *¿Todavía llevamos entonces en las células los genes de nuestros antepasados distantes?*

– Nuestras células contienen un potencial genético propio de cada individuo y al mismo tiempo propio de nuestra especie, con numerosos vestigios de nuestra historia antigua. Conservamos, en efecto, genes viejos que en nuestros antepasados desempeñaban un papel y que en nosotros están inactivos o sólo actúan en determinados períodos.

– *¿Por ejemplo?*

– Algunos de nuestros genes fabrican una cola cuando somos un embrión de tres semanas en el vientre de nuestra madre, y también branquias, que desaparecen poco después. También se sabe que los tumores se deben a un desarreglo del material genético en las células: en algunas hay genes que se rebelan y suscitan la fabricación de pelos o de trozos de piel, incluso de células de órganos por completo incongruentes. Es posible imaginar que algunos genes que antaño controlaban caracteres arcaicos en nuestros antepasados distantes aún están

33

presentes en nuestros cromosomas y se reactivan en algunas personas... De hecho, el mejor ADN fósil es el que llevamos con nosotros en el corazón de nuestras células.

Los humanos gustan de la variedad

– *En estas condiciones no es fácil distinguir con claridad nuestros distintos antepasados y las especies humanas que los sucedieron.*

– No se puede, en efecto, decir con precisión qué es un humano. No estaríamos muy cómodos entre los primeros *Homo habilis,* conocidos desde hace tres millones de años, ni entre algunos australopitecos. Los criterios biológicos que distinguen al humano de los otros, en particular la posibilidad de hacer niños, no nos son accesibles. Los criterios culturales son laxos. Yves Coppens le ha dicho en *La más bella historia del mundo* que los australopitecos sin duda ya utilizaban herramientas y que hay una sola especie humana desde el origen. Ella se habría transformado gradualmente, en distintas épocas, para dar el *Homo erectus,* después el *Homo sapiens...* Otros paleontólogos, igualmente respetables, como Ian Tattersal, del American Museum, sugieren, por el contrario, que ha habido decenas de especies humanas diferentes que han desaparecido, con la sola excepción de la nuestra... Imposible decidir.

34

*– ¿Y no hay algún pequeño fósil que nos pueda pro-
porcionar la pista?*

– No, los fósiles humanos son extremadamente
escasos y necesitaríamos muchos más para enunciar
hipótesis verificables. Si sólo se dispone de dos esqueletos presentables para el lapso comprendido entre
(-) tres millones y (-) 150.000 años, es imposible saber
a qué se parecerían las múltiples poblaciones que vivieron durante esos tres millones de años, y cuáles
fueron sus relaciones.

*– Así, pues, no es impensable que desde el origen haya
habido una gran diversidad de especies o de categorías humanas.*

– ¿Quién puede decirlo? Imagine que en un lejano porvenir nuestros descendientes encuentren un
esqueleto de esquimal, que mide un promedio de un
metro cuarenta centímetros, y un esqueleto de tutsi,
cuya talla es superior a un metro ochenta. Es probable que los paleontólogos del futuro decidan que son
dos especies diferentes, aunque sólo fuera por sus
dimensiones, y se equivocarían de buena fe, quizás
como nuestros colegas de hoy…

*– Se dice que dos poblaciones representan dos especies
diferentes a partir del momento en que no pueden tener hijos
entre ellos. ¿Está bien?*

– Exactamente. Ahora bien, sabemos que todos
los hombres contemporáneos, sean tutsis o esquima-
les y a pesar de todas sus diferencias, se pueden
fecundar mutuamente. Hoy hay una extrema variedad de seres humanos. Y no obstante constituyen una

sola especie. El que antaño haya habido una gran variedad de humanos prehistóricos no prueba que hayan estado separados en especies diferentes; pero tampoco excluye esta posibilidad.

– *Especie única o no, los humanos de esa época, en cualquier caso, permanecen bastante en esa cuna africana.*

– Parece que sí. Pero eso cambiará muy pronto. Nuestra especie no tardará en diversificarse y distinguirse. Y se va a marchar de allí, varias veces, sin duda, a la conquista del planeta.

La odisea de la especie

Emprendieron la prolongada conquista de la Tierra. Poco numerosos, pero temerarios, los primeros colonos parten a la aventura, sometidos, durante milenios todavía, a los caprichos de la naturaleza.

El primer viaje

— *¡Adiós, tierra natal! En Africa, los hombres, los verdaderos, sucedieron a los australopitecos y un día algunos, más emprendedores o más curiosos, se arriesgaron lejos de su región de origen. ¿Así es?*

— Sí. Comienza la conquista de este antiguo mundo. Desde hace (-)1.500.000 años hasta (-)500.000 años, los hombres –ahora son *Homo erectus*– van a dejar su lugar de origen y empezar a viajar. Como poseemos pocos fósiles de ese período, sólo sabemos dónde llegaron algunos y en qué épocas.

— *¿Pero se tiene la seguridad de que todo ese pequeño mundo proviene del mismo lugar, el este de Africa?*

— No se han encontrado huellas en otra parte, en todo caso. Pero hay que reconocer que no se ha excavado con la misma intensidad en otros continentes. ¿Por qué hubo tanto interés en el valle del Rift, en Africa? Simplemente porque se trata de una falla gigantesca, que se abrió y dejó al descubierto sedimentos muy antiguos, de cuatro millones de años. En cualquier otra parte, en Asia, Oceanía o Europa, habría que cavar pozos de tres kilómetros de profundidad para acceder a estratos de la misma época.

– *Es la historia del hombre que busca las llaves por la noche a la luz de un farol. "¿Estás seguro de que cayeron en ese lugar?", le preguntan. "No", responde el hombre, "pero allí hay luz".*

– Exactamente. Sin embargo, todo concuerda en la actualidad para situar el origen del género humano en esa región africana.

– *Así pues, nuestro abuelo* erectus *toma sus bártulos y se marcha a conquistar el mundo. ¿Será una tarea larga?*

– Los cazadores-recolectores no vacilaban si debían recorrer cincuenta kilómetros en una jornada, e incluso más si así lo deseaban. Hagamos un cálculo. Supongamos que se desplazan durante trescientos días por año, que descansan dos meses… Recorren, entonces, quince mil kilómetros en un año. Ahora, el *erectus* vivió durante más de un millón de años. Tuvo tiempo, entonces, para pasar varias veces por todos los continentes.

– *¿Se sabe qué les impulsó a viajar así?*

– ¿Quizás tan solo lo deseaban? Es más verosímil que se vieran forzados a desplazarse para hallar nuevos recursos. Entre los períodos fríos y los períodos

38

cálidos que se sucedieron en el curso de esa época, las zonas de vegetación a veces se desplazaron tres mil kilómetros de latitud. Es obvio que los humanos debieron migrar entonces para seguir a los animales y encontrar las plantas de que dependían para vivir.

– Uno se imagina que esos viajes no eran muy tranquilos...

– Nuestros antepasados toparon a menudo con obstáculos geográficos: desiertos o brazos de mar. Pero en algunas épocas, por el contrario, la geología les era favorable. Como Indonesia formaba parte del continente asiático en períodos de glaciación, los primeros *Homo erectus* pudieron llegar a Java a pie, pasando por el sudeste asiático. Hacia (-)500.000 años hay *erectus* en Africa, China, Indonesia, Europa. El mundo antiguo está conquistado.

Vuelta al punto de partida

– Pero no por mucho tiempo. Los pobres erectus, *a pesar de su conquista, finalmente van a desaparecer. ¿Se sabe por qué?*

– Quizás cohabitaron un tiempo con sus sucesores, los *Homo sapiens*, pero eso todavía es discutido. ¿Cómo rehacer una historia universal de cinco mil siglos con una treintena de cráneos? Y, peor aún: los especialistas no están de acuerdo al respecto. Según algunos paleontólogos, ciertos fósiles provendrían de *erectus* en vías de modernización. Para otros ya se trata de vestigios de humanos modernos.

– *Nada sencillo...*

– No. De hecho sólo poseemos un esqueleto completo de *erectus,* el famoso joven del lago Turkana, Africa, de un millón seiscientos mil años de edad, el único esqueleto, con Lucy, casi completo de la prehistoria. Para el lapso comprendido entre (-)200.000 y (-)100.000 años, hay una decena de fósiles y sólo tres yacimientos presentan restos de humanos modernos aceptables: uno descubierto en Palestina, de hace 100 mil años, otro en Etiopía, con ciertas reservas acerca de la modernidad de los fósiles (entre 100 y 130 mil años) y un tercero, por confirmar, en Marruecos, que aún no se ha fechado de manera confiable.

– *¿Y qué se concluye?*

– Que se puede datar la aparición de los humanos modernos, los *Homo sapiens,* es decir nosotros, en una época situada entre (-)150.000 y (-)100.000 años, en una región localizada al noreste de Africa o en el Oriente Medio.

– *Vuelta al punto de partida entonces. ¿Pero por qué nace esta nueva forma humana en Oriente Medio y no en otra parte? ¿Por qué no evolucionaron a* sapiens *los abuelos* erectus *que ya se habían instalado en otros continentes?*

– Algunos investigadores han insinuado que los *erectus* de China serían los antepasados de los chinos actuales, que los *erectus* africanos habrían dado origen por su parte a los africanos de hoy... Es una hipótesis absurda. Eso implicaría que hay un mecanismo interno, genético, que impulsa a la especie a evolucionar del mismo modo, en el mismo momento y en todas

40

partes a un tiempo; esto, para los biólogos, se opone a todas las teorías actuales sobre la evolución. Estas sugieren que el cambio sólo pudo ocurrir en un solo lugar.

Los mutantes tienen futuro

— Según la teoría actual de la evolución, hace falta que un grupo pequeño se aísle y se transforme para que nazca una nueva especie. A eso se llama evolucionar, ¿verdad?

— Ese es, efectivamente, el caso general: una pequeña población se encuentra aislada en un medio diferente del de su origen, y experimenta una cierta cantidad de transformaciones genéticas que le impiden reproducirse con la población de que se ha separado. Si sobrevive en su nuevo entorno, se impone como especie nueva. Eso ha ocurrido, por ejemplo, en la selva amazónica. En el curso de un período de sequía, algunas especies animales se han visto limitadas a pequeños islotes de jungla, en condiciones muy diferentes a las anteriores. Han aparecido allí nuevas especies. Cuando el clima recupera la fase húmeda, éstas se han tornado tan diferentes de las otras que ya no pueden cruzarse con ellas.

— ¿Porque, en ese tiempo, experimentaron mutaciones cromosómicas?

— Sí. Esto sucede con frecuencia. Los genes y los cromosomas no son barras de acero. No cesan de quebrarse, reagruparse, mutar, cambiar, equivocarse

41

al copiarse... Incluso en nosotros. En las consultas acerca de esterilidad, a menudo aparecen personas cuya estructura cromosómica se ha modificado ligeramente. Estas modificaciones, si perduraran por generaciones, podrían constituir barreras para la reproducción con otros seres humanos. Pero sobreviven pocas innovaciones: la selección natural elimina la mayor parte. Para que los mutantes se puedan perpetuar hace falta que se los aísle en seguida; de otro modo la mutación se diluye en la población madre. Hay la excepción de especies gemelas, como el camello y el dromedario, o incluso el tigre y el león, que pueden cruzarse y cuyos híbridos son fértiles. Pero no son verdaderas especies.

– *¿Y nuestros viejos* erectus *y* sapiens*? ¿Pudieron cruzarse, como usted dice?*

– Nada se sabe. Era posible si, a pesar de la morfología, se trataba de una sola y misma especie. La hipótesis más sencilla para explicar las transición entre ambos es que una sola población de *erectus* africanos habría evolucionado y engendrado *sapiens* con o sin cambio de especie. En ciencia, las hipótesis más sencillas son las mejores mientras se las pueda conservar.

La tierra no prometida

– *Los hombres modernos aparecieron en alguna parte del Oriente Medio, en Palestina, dice usted. Emocionante... Una vez más, como en el caso del Big Bang que evoca la*

42

creación bíblica ("¡Hágase la luz!"), la ciencia se une, en cierto modo, con la religión...

– No hay ninguna coherencia entre ciencia y religión. Es inútil buscar los orígenes humanos en Tierra Santa o huellas del Arca de Noé en Turquía. Creo que hay dos actitudes religiosas. La primera consiste en atenerse a los textos e interpretar la realidad haciendo su exégesis: es una actitud fundamentalista que en el caso del cristianismo simboliza el obispo Ussher: en 1600, calculó que el mundo había sido creado el 23 de octubre del año (-)4004, un sábado a las nueve de la mañana. Es ridículo. Hay rabinos integristas que querrían volver a inhumar los fósiles muy antiguos por si se trata de judíos... Este tipo de concepciones son, por cierto, completamente incompatibles con la ciencia.

– ¿Y la otra actitud?

– Consiste en pensar que los textos fundadores tienen un valor simbólico, que están destinados a trazar líneas de conducta, a proponer una moral y relaciones con el creador, lo cual no concierne a la ciencia. Que ésta, en cambio, tiene la capacidad de dar la buena versión de la historia y que se puede hacer una exégesis de los textos conciliándolos con este nuevo saber. El papa Juan Pablo II, al reconocer "cierto valor" a la teoría de la evolución, ha dado un paso, pequeño, en este sentido.

Al borde de la extinción

– *Volvamos entonces a la ciencia. Estamos con el pequeño grupo original, la población fundadora de nuestra especie que vive en Oriente Medio; allí están todos nuestros abuelos. ¿Sabemos qué aspecto tenían?*

– No hay medio alguno para conocer sus características físicas externas ni el color de su piel. Si se especula que vivieron bastante tiempo en Oriente Medio para adaptarse a las condiciones locales, se los puede imaginar más bien bronceados o morenos. Y si se considera que están en el origen de la diversidad de todas las poblaciones humanas de hoy, se puede decir que poseían una aptitud cierta para dar descendientes distintos unos de otros.

– *¿Qué más sabemos de ellos?*

– Gracias a la genética se ha encontrado recientemente algo bastante asombroso. Comparando genes de hombres actuales de diferentes regiones del mundo, se ha descubierto que el conjunto es bastante homogéneo. Se simuló entonces en un ordenador las condiciones de vida de las poblaciones ancestrales y el modo como pudieron transmitirse sus genes. La única solución para llegar a la homogeneidad genética de las poblaciones que hoy se observa es que la cantidad de nuestros antepasados de la prehistoria, en una época no demasiado distante, haya sido muy débil, en los límites mismos de la extinción.

44

– *¿En el principio mismo?*

– Durante bastante tiempo. Lo cual otros indicios confirman. Habitualmente, mientras más grande es la talla de una especie, menores son sus efectivos. Las poblaciones de grandes primates, de grandes mamíferos, de grandes pájaros, nunca son muy numerosas: a lo más cientos de miles de individuos, y no cientos de millones. Los humanos siguieron la norma de los grandes primates: eran pocos. Por lo demás, mientras los fósiles humanos más recientes son una plétora, los que datan del paleolítico, antes de la invención de la agricultura, son tan escasos que los investigadores los conservan en cajas fuertes.

– *¿Y no es así precisamente por su antigüedad? ¿Quizás fueron destruidos o quizás hay más dificultades para encontrarlos?*

– No. Hace más de cien mil años que se entierra a los muertos en tumbas y las condiciones de fosilización y de conservación de los esqueletos son buenas. Imaginemos, incluso, que los humanos del paleolítico hayan practicado métodos de destrucción sistemática, que hayan quemado a sus muertos y sus huesos; en cualquier caso se habría encontrado indicios, huellas de hogueras. Y no es así. Si no se encuentran muchos es porque eran pocos.

– *¿Cuántos?*

– Cinco a diez mil reproductores para toda la especie, es decir unos treinta millares de personas incluyendo padres e hijos... El equivalente de la población de un pueblo pequeño para poblar la totalidad

45

del mundo... concentrado sin duda en determinadas regiones. Los humanos modernos eran tan poco numerosos en un principio que durante bastante tiempo corrieron riesgo de extinción.

– *¿Y podríamos no haber reaparecido nunca?*

– Sin duda. No hay ninguna predeterminación en la aparición del *sapiens*. Habría bastado con un virus tipo ébola o sida que contaminara a ese grupo de treinta mil personas, o una gran hambruna debido a una sequía, y todo habría terminado... No estaríamos aquí para hablar de esto.

El segundo viaje

– *Si el* Homo sapiens *apareció exclusivamente en el Oriente Medio o en Africa, también él, como su pariente* erectus, *debió ponerse en marcha para ocupar otros continentes.*

– Sí. Es la segunda gran colonización humana, que se desarrolla en algunas decenas de miles de años, desde (-)100.000 en adelante. Mucho después que sus antepasados *erectus,* un pequeño grupo de *Homo sapiens* –todavía son hombres del paleolítico, cazadores-recolectores– parte a su vez para ocupar los cinco continentes: Asia, y entonces China, en (-) 67.000; Nueva Guinea y Australia hacia (-) 50.000; Europa occidental hacia (-) 40.000, como atestiguan los esqueletos de los que se ha llamado "hombres de Cro-Magnon"... Y después vuelven a colonizar Africa entre (-) 45.000 y (-) 35.000, y América por primera vez hacia (-) 45.000, sin duda sin éxito, y una segunda vez hacia (-) 18.000.

– *Le planteo la pregunta sempiterna: ¿cómo se sabe todo eso?*

– Desgraciadamente poseemos poca información acerca de ese segundo poblamiento. Algunos fósiles, un cráneo descubierto en China, otro en Australia, herramientas y huellas de actividades anónimas aquí y allá... Es débil. Por eso tenemos que reconstituir la continuidad de los acontecimientos por deducción, ayudándonos con las enseñanzas de la paleografía, esta ciencia que reconstruye la evolución de los continentes en el tiempo. Hace 18.000 años, por ejemplo, en un período que se ha estudiado especialmente, sabemos que el nivel del mar había bajado; las islas del sudeste asiático formaban parte del continente y se podía ir a pie de Vietnam a Java, Formosa o Filipinas. Pero seguía habiendo un brazo de mar de unos noventa kilómetros entre Timor y el continente que entonces reunía a Australia y Nueva Guinea.

– *¿Cómo lo franquearon nuestros antepasados?*

– Quizás en piraguas de madera... En cualquier caso, es un hecho que lo franquearon. También se sabe que entonces el Sahara era mucho más extenso que hoy y que en el centro de Africa había una estrecha franja de selva ecuatorial rodeada por dos bandas de sabanas. Un pequeño grupo humano sin duda quedó atrapado en este espacio y quizás experimentó transformaciones particulares que

47

explican las características de algunas poblaciones africanas... De hecho, como han mostrado simulaciones de ordenador, en aquellas épocas hubo sin duda numerosos movimientos de poblaciones: los humanos eran cazadores-recolectores, seminómadas, estaban sometidos a variaciones climáticas muy importantes... Es indudable que se desplazaron mucho más que lo que uno imagina.

Nuestros antepasados, los inmigrados

– *Nuestros antepasados, cuando llegaron a Europa siguiendo las huellas de sus predecesores, se llevaron una sorpresa: se toparon con extrañas poblaciones autóctonas: los neandertales. ¿Y de dónde vinieron éstos?*

– No cayeron de la luna. Son los descendientes o bien del *Homo habilis,* que habrían poblado mucho antes Europa y allí habrían quedado aislados, o bien, lo que es más verosímil, de una banda de *Homo erectus* que habría abandonado el Medio Oriente para instalarse en Europa.

– *Yves Coppens nos decía en* La más bella historia del mundo *que las dos poblaciones cohabitaron un tiempo.*

– Sí. Durante mucho tiempo se creyó que los *Homo sapiens,* llamados en Europa cromagnones, a los que se describía como seres nobles y evolucionados, eran los europeos más antiguos, y que los neandertal, unos brutos hirsutos, habían llegado de oscuras regiones. Esto permitía afirmar que la inteligencia y las capacidades artísticas habían aparecido en Europa y no en otros lugares. Doble falsedad. Por una parte, hoy se sabe que esas dos poblaciones de humanos poseían un saber práctico equivalente, que enterraban a los muertos con rituales, que utilizaban herramientas elaboradas y que tenían la misma cultura en la misma época. Por otra parte, en 1988, se fecharon fósiles de humanos modernos en Oriente Medio hacia (-) 100.000, y se debió invertir el modelo: los hombres de Cro-Magnon no eran los más antiguos habitantes de Europa, venían de otro lugar. En este sentido, nuestros antepasados ya eran inmigrantes.

– *Sus neandertal no debieron ser tan avispados como los otros, ya que terminaron por desaparecer.*

– Algunos imaginan que combatieron y que esto terminó con la extinción de unos. Otros piensan que engendraron bebés *sapiens* y que, finalmente, fueron asimilados genéticamente… No tenemos ninguna prueba. Y el pequeñísimo fragmento de ADN neandertaliano que poseemos no nos permite saber si las dos poblaciones podrían mestizarse, si se trataba de dos especies o de variantes del mismo humano moderno. Dicho lo cual, no es raro ver en la población actual algún individuo con grueso cojinete suborbital o con una extraña cabeza de rostro más o menos triangular. ¿Resulta de una mutación de nuestros genes que a veces se produce? ¿O es el efecto de viejos genes neandertalianos que se expresarían en esas personas? En cualquier caso, si se encontrara a un neandertal caminando por la calle, usted se sorprendería poco, es verdad; es posible que no nos pareciera mucho más exótico que algunos de nuestros contemporáneos.

El verdadero descubrimiento de América

– Otros antepasados, decía, se marcharon al otro lado del Atlántico: será el último continente conquistado. ¿Se sabe cómo ocurrió este primer descubrimiento de América?

– Se ha hablado, equivocadamente, de un puente de hielo sobre el estrecho de Bering... Es mucho más sencillo. Según los climatólogos, el nivel del mar bajaba aproximadamente cada 20.000 años y entonces se podía acceder al continente americano a pie desde Siberia. Varias ocupaciones de América ocurrieron sin duda en el curso de la prehistoria. En Brasil se han encontrado huellas de ocupación humana de hace 45.000 años.

– ¿Y qué fue de esos primeros americanos?

– No sabemos. ¿Dejaron descendientes entre los actuales amerindios? ¿O, lo que es más probable, desaparecieron? No se ha descubierto ningún otro resto humano anterior a (-) 18.000 en ese continente. Desde ese momento se produjo el verdadero poblamiento amerindio de América, por el estrecho de Bering, en oleadas sucesivas.

Ya entonces la globalización

– *Todos esos hombres y mujeres que parten a la aventura se enfrentan a la naturaleza y se instalan en distintos continentes, siguen viviendo como sus antepasados desde milenios: cazan y recolectan.*

– Sí. Estos cazadores-recolectores siguen muy vulnerables. En esa época las poblaciones humanas todavía son muy poco numerosas y además están aisladas en entornos muy diferentes: la selva tropical, los desiertos, Siberia. Las tres cuartas partes de los niños mueren antes de haber alcanzado la edad adulta, por enfermedades, malnutrición después del destete o sencillamente de hambre.

– *¿Hambre? ¿Pero no es la edad de la abundancia, como se ha dicho?*

– Los cazadores-recolectores sufren de hambre con frecuencia y están expuestos a los rigores del medio ambiente. Habrá que esperar todavía algunos milenios para que cambie verdaderamente esta situación con la invención de la agricultura y la crianza de animales, hace unos 10.000 años, lo cual proveerá de abundancia de alimento y tendrá inmediato efecto sobre los efectivos humanos. Estos se van a multiplicar rápidamente por 10 o por 30, según los lugares, como atestiguan los miles de tumbas y la abundancia de fósiles de este período más reciente.

– *A la espera de ese momento, ¿se puede decir que hace unos 20.000 años –es decir, hacia (-) 18.000– el planeta Tierra ya estaba conquistado por completo?*

51

– Sí. Hacia (-) 30.000 había hombres en cuatro continentes, y quizás en América si se considera el primer poblamiento americano. Hacia (-) 18.000, con la excepción de algunas islas del Pacífico que serán ocupadas mucho más tarde –la isla de Pascua sólo lo será en el último milenio–, pueblan en efecto los cinco continentes. El planeta está colonizado enteramente.

La primavera de los pueblos

Más bien que mal, nuestros antepasados se instalan en las tierras que han conquistado. Lentamente, los grupos se distinguen, los pueblos se diversifican, las lenguas se singularizan. Se expande la gran diversidad humana.

Interviene el azar

– *¡Ya! El planeta está colonizado. Los humanos ya viven en los cinco continentes. Todos forman parte de la misma especie, descienden todos de la pequeña población original de que hablamos. No obstante, se van a diferenciar. ¿Por qué?*

– Aunque ya estaba en todo el planeta, la población humana seguía siendo poco numerosa. No olvidemos que los grupos de migrantes que se marcharon a descubrir otros territorios provenían de una comunidad de unos treinta mil individuos y que los efectivos no aumentaron mucho durante los milenios de la conquista. El conjunto de genes que llevaba en sus células cada uno de esos grupos de viajeros no es exactamente igual a los de la población original.

– *¿Por qué?*

– Aunque posea el patrimonio genético común de la especie, cada individuo es único. Tiene su propia originalidad genética, una combinación particular que proviene de su padre y de su madre. En cierto modo, cada emigración equivalió a una especie de jugada azarosa, como si se quitara al azar un puñado de genes del stock común. Los genes escasos en el momento de la partida corrían el riesgo de no estar representados en esa selección; los más comunes sin duda que estaban, pero no en las mismas proporciones. En suma, las poblaciones migrantes llevaban un equipaje genético propio, no exactamente representativo de la comunidad de origen –aunque todos los seres humanos disponen de un mismo stock, la repartición de sus genes y su frecuencia es distinta–. Y, poco a poco, en el curso de las generaciones, se fueron diferenciando de las poblaciones originales que habían abandonado.

– *¿Las migraciones escinden la población de humanos y también la diferencian físicamente?*

– Sí, pero el juego de los genes no basta. El entorno también desempeña un papel durante la prehistoria; selecciona, en el curso de las generaciones, los individuos que mejor se adaptan a él: así se diferencian el aspecto físico, ciertos rasgos morfológicos, la talla, la forma del cuerpo, el color de la piel.

– *¿Pero cómo opera su "selección" el entorno? Consideremos por ejemplo el color de la piel. Si vale la hipótesis de que los primeros europeos provenían del Oriente Medio y*

54

eran más bien morenos, cómo fue que sus descendientes se volvieron blancos?

– Para responder esto no tenemos más remedio que estudiar a los humanos de hoy. Si se establece el mapa del reparto de colores de piel en el mundo, por lo menos en las poblaciones que no se han desplazado recientemente, observamos que coincide exactamente con el mapa de la cantidad de luz solar: los que viven en zonas asoleadas tienen la piel más oscura, los que habitan regiones de luminosidad débil tienen la piel más clara.

Acerca del sol en la piel

– Lo cual supone que el sol desempeñó un papel entonces. ¿Cuál?

– Tenemos que especular. Hoy sabemos que los surfistas rubios de origen irlandés o sueco desarrollan más cáncer de la piel que los aborígenes australianos que viven desnudos en el desierto. De allí viene la idea de que esta enfermedad pudo seleccionar a nuestros antepasados. En el curso de decenas de miles de generaciones, esta vulnerabilidad pudo crear una diferencia de mortalidad: los humanos de piel clara que vivían en zonas intertropicales habrían tenido menos descendientes, lo que explicaría que las poblaciones de estas regiones poco a poco se fueran componiendo de individuos de piel morena.

– *Bien. Pero, a la inversa, ¿por qué las pieles claras donde hay menos sol?*

– Otra hipótesis: se sabe que la vitamina D es indispensable para fijar el calcio en los huesos. Se la administra a los niños para evitar el raquitismo. Nuestro organismo la fabrica naturalmente bajo la infuencia de los rayos ultravioletas del sol que nos golpean la piel. Ahora bien, se ha comprobado que en zonas de asoleamiento débil las pieles negras sintetizan menos que las pieles claras. Sus portadores parecen estar, entonces, más expuestos al riesgo de raquitismo. De allí proviene la idea de que en la prehistoria los individuos más oscuros provenientes de zonas templadas o frías estaban más expuestos al raquitismo. En el curso de las generaciones, las personas de piel clara habrían sido seleccionadas. Pero sólo se trata de hipótesis.

Papúes, no bantúes

– *¿Se sabe, por lo menos, cuánto tiempo transcurrió para que, de una latitud a otra, la piel de nuestros antepasados cambiara radicalmente de color?*

– Fue bastante rápido. Algunos miles de generaciones, sin duda... Consideremos los indios de América. Llegaron no hace tanto a este continente, entre (-) 20.000 y (-) 5.000. Ahora bien, es evidente que los que se instalaron en Guatemala o Colombia tienen, ya al nacer, la piel mucho más oscura que los de Canadá o Argentina: 15.000 años han bastado entonces para sellar esta diferencia. Lo mismo se puede verificar en el sudeste asiático entre los melanesios, a menudo muy negros, y los polinesios, más claros, y estas dos poblaciones son cercanas genética y culturalmente.

– ¿Y se da el caso a la inversa? ¿Se puede ser físicamente semejante y genéticamente diferente?

– Los papúes de Oceanía y los bantúes de Africa están muy distantes si se examina la frecuencia de sus genes: los primeros están cerca, genéticamente, de los vietnamitas y de los chinos; los segundos mucho más de otros africanos, lo que parece lógico. Sin embargo, físicamente se parecen mucho: pequeños, de cabello crespo, piel muy oscura pues viven en selvas ecuatoriales semejantes. Todo esto tiende a probar que durante la prehistoria los ocupantes de un mismo tipo de lugares adquirieron rápidamente características físicas semejantes, adaptadas a su entorno.

Las razas falsas

– Así pues, el juego combinado de los genes y del lugar elegido por nuestros antepasados fundó las características de los pueblos. ¿O hay que decir "etnias", ya que hoy la ciencia no emplea la palabra "raza"?

– No. La historia del estudio de las "razas" sólo es una seguidilla de prejuicios. La ciencia tuvo parte en ello. Durante mucho tiempo los antropólogos hicieron clasificaciones raciales según el color de la piel: blancos, negros, amarillos. Cuando a principios de siglo se descubrieron los grupos sanguíneos, se creyó que coincidirían con esas mismas categorías y confirmarían la existencia de las razas. Algunos nazis hasta intentaron mostrar que el grupo B era una característica meteca, símbolo de mestizaje, y que los arios puros no la poseían. Todo eso era absurdo. Hoy se sabe que la mayoría de las poblaciones del mundo poseen toda la gama de los grupos sanguíneos. Más vale recibir la sangre de un papú del mismo grupo que el tuyo y no la del vecino del mismo origen pero de otro grupo. Lo mismo vale para el caso de trasplantes de órganos.

– *¿Y para los otros genes?*

– Hoy se conocen miles de sistemas genéticos distintos. Pero no existen genes de los blancos ni genes de los negros. No se conoce ningún gen que se encontraría en todos los blancos o en todos los negros y no en los otros. Lo mismo vale para el conjunto de los genes conocidos. Después de la Segunda Guerra Mundial los científicos advirtieron que el repertorio de genes era el mismo en todas partes, en todas las poblaciones; que genes frecuentes en los europeos podían serlo menos en los orientales o en los australianos, pero que de todos modos estaban presentes. Las diferencias genéticas no corresponden a las categorías que imaginamos según la cabeza de la gente, el color de su epidermis o su origen geográfico. Esas diferencias no permiten separar la población de humanos en grupos muy distintos.

– *¿Ni siquiera en conjuntos pequeños genéticamente semejantes?*

– No. Por supuesto, si usted toma al azar dos personas hay más posibilidades de que se parezcan si pertenecen a la misma comunidad que si provienen de dos comunidades distintas. Pero esto no constituye familias genéticamente semejantes. Quizás resulte difícil de comprender, pero es así: no se puede establecer categorías genéticas simples en la población humana actual. Si se reúne a las personas del grupo sanguíneo A, vendrán de todas las poblaciones de la Tierra. Si usted se interesa en el gen rhesus+, descubrirá usted otro estrato de la población mundial. En cada ocasión obtendrá clasificaciones diferentes según el criterio que elija, según privilegie el color de la piel, los grupos sanguíneos, el rhesus, la talla o cualquier otra cosa.

La imagen grande de los pueblos

– *Sin embargo, de todos modos se verifica que hay tipos humanos diferentes. ¿Sólo lo son en apariencia?*

– Sí, y no hay que fiarse de las apariencias. Herder, en 1784, escribía en respuesta a quienes se dedicaban a esas clasificaciones raciales: "No son cuatro o cinco razas humanas; las poblaciones se interpenetran y forman las sombras de una gran imagen que se extiende por todos los tiempos y todos los continentes".

59

– ¡Hermoso! ¡Y casi precursor!

– Sí. Un antropólogo ginebrino llamado Eugène Pittard volvió a enunciarlo en 1924: es inmensa la diversidad entre individuos de una misma población, cubre las poblaciones vecinas con una misma continuidad sin que se pueda distinguir barreras o rupturas entre ellas. Todos los descubrimientos recientes han confirmado esta noción: hay una gran variedad dentro de unas mismas poblaciones. En la piel, por ejemplo, hay una amplia gama de coloraciones diferentes dentro de una misma población, especialmente cuando se trata de piel oscura... Paso a paso, si se pasea por el planeta, se observa, en efecto, una variación continua entre todas las poblaciones del globo, la sombra de una misma imagen...

– ¿Y hoy se observa aún esta continuidad, esta gradación?

– Sí. Los genes no han cambiado mucho en diez o treinta mil años. Lo que cambió es el aspecto físico exterior, las formas, las dimensiones, los colores y sobre todo las culturas, las religiones, las lenguas.

Una sola lengua

– Uno imagina, precisamente, que al separarse del grupo original, al migrar, los primeros colonos empezaron a darse dialectos propios, a diferenciar su lenguaje. ¿Así nacieron las lenguas?

– Durante mucho tiempo se afirmó, sin la menor prueba, que la facultad de hablar se habría adquirido independientemente en cada región donde se instalaron los humanos, lo que habría dado nacimiento a lenguas distintas. En Occidente, toda investigación de parentescos entre grandes familias de lenguas estaba limitada, si no prohibida, por la comunidad científica debido a aquello. Hoy se cree que hubo una sola lengua original que habría dado nacimiento a todas las otras.

   – ¿Y qué permite afirmarlo?

   – Numerosos indicios que concuerdan. Siguiendo al norteamericano Noam Chomsky, los lingüistas descubrieron que existían estructuras gramaticales comunes a todas las lenguas. También se sabe que un bebé humano, sea cual sea su origen, dispone de una aptitud lingüística universal: al nacer tiene la posibilidad de aprender todas las lenguas, un poder que pierde poco a poco privilegiando los sonidos de la lengua o de las lenguas que practica. Podemos suponer entonces la existencia, en todos los seres humanos, de una común capacidad para producir todos los sonidos y para construir frases. Los lingüistas, además, han reconstituido filiaciones entre lenguas actuales y precisado grandes familias entre las cuales han seguido buscando parentescos más lejanos.

   – ¿Cómo lo hacen?

   – Han analizado cuidadosamente determinadas palabras clave, las que constituyen por lo general una necesidad vital –agua, yo, tú– comparándolas en distintos grupos de lenguas. Esto ha dado cuatro grandes familias de lenguas africanas (las lenguas de clics de los khoisan del sur del continente; las lenguas nigerokordofanianas del oeste, centro y sur del Africa; las afroasiáticas, entre las que están el egipcio antiguo, el bereber, el árabe y el hebreo; las lenguas nilosaharianas, desde los meandros del Níger hasta el Africa oriental). Y también tres grandes familias de lenguas en América, pero esto todavía se discute. Merrit Ruhlen, lingüista norteamericano, descubrió raíces que serían patrimonio común de todas las grandes familias lingüísticas del mundo; palabras en cierto modo "fósiles", como los génes fósiles o los huesos fósiles. Todo esto parece concordar y permite proponer que antaño hubo una sola lengua madre ancestral de las cinco mil lenguas actuales repartidas en doce familias; eso ocurrió, sin duda, entre (-) 20.000 y (-) 50.000 años atrás.

Los genes tienen la palabra

– Y esto concuerda perfectamente con la idea de que hubo un solo y pequeño grupo fundador de toda la especie humana, que comenzó a dividirse y a migrar en la misma época, como usted precisó muy bien.

– Exactamente. Un investigador norteamericano, Luca Cavalli Sforza, decidió comparar, lo que en su momento pareció bastante extraño, la diversidad de lenguas y la de los genes en distintos continentes. Mi equipo lo ha hecho también en poblaciones africanas. Y nos hemos llevado la sorpresa de descubrir que hay una relación muy estrecha entre ambas. Si dos poblaciones son genéticamente cercanas, también lo son sus lenguas: mientras más semejante es el reparto de genes, más se parece su vocabulario básico.

– *¿Y cómo se explica esto?*

– Sabemos que los genes no determinan la lengua que se habla. Un bebé, sea cual sea su origen, aprende aquella que se le enseña. Si hay un paralelismo entre lenguas y genes se debe, sin duda, a que entre (-) 30.000 y (-) 3.000 los humanos repoblaron el continente africano en cuatro oleadas sucesivas que corresponderían a las cuatro grandes familias de lenguas. Como esos grupos no interactuaron mucho, sus lenguas divergieron rápidamente, mientras las frecuencias de sus genes cambiaban paralelamente.

– *¿En cuánto tiempo?*

– Eso sucede muy rápido con las lenguas. El francés medieval se hablaba hace mil años y hoy ya no lo comprendemos. El francés y el italiano se diferenciaron uno del otro en menos de dos mil años... Las lenguas cambian mucho más rápido que la frecuencia de los genes. Dos o tres siglos bastan para que nazcan dialectos y después lenguas nuevas. Pero se necesitan decenas de miles de años para que una evolución de los genes cree diferencias apreciables entre las poblaciones. Las escalas de tiempo no son las mismas.

La gran mezcolanza

– *Estamos llegando a la época reciente, la de la gran revolución neolítica de que hablaremos con Jean Guilaine. Se supone que el movimiento se invierte una vez que los pueblos se han separado, se instalan, se singularizan por su patrimonio genético y su lengua. Comienzan a establecer lazos entre ellos.*

– Así es. Eso se acelera desde (-) 10.000, en el neolítico. Los efectivos son más numerosos y los humanos de cinco continentes entran en contacto y establecen intercambios más y más frecuentes. Mientras más cerca están las poblaciones y mientras más se comunican, más se mezclan y más se van a parecer. Por el contrario, mientras más lejos están, más distantes van a permanecer genéticamente unas de otras. De este modo se establece una red de migraciones a escala del planeta, que se sitúa en el origen del actual reparto de genes en la población humana.

– *Una vez más, ¿cómo se sabe esto?*

– Ya está bien establecido: hay una relación entre las diferencias que observamos en el patrimonio genético de las diversas poblaciones del planeta y la distancia geográfica que las separa. Sobre todo si no sólo se considera ésta a vuelo de pájaro, sino tomando en cuenta la forma de los continentes, los lugares obligados de paso, las montañas y brazos de mar tal cual estaban en el curso de la prehistoria. La historia de los humanos modernos está construida desde una misma fuente común, como hemos dicho, con diversificaciones locales periféricas. No se la debe ver como una serie de separaciones de poblaciones, sino, por el contrario, como un intercambio, una mezcla permanente.

– ¿Una mezcolanza que ha dado la diversidad humana tal como hoy la conocemos?

– Sí. Algunos piensan que existían redes de migración desde hace mucho, quizás desde hace 500.000 años. Es una hipótesis muy acrobática si se considera la debilidad de los efectivos humanos en esa época. Otros estiman que en el paleolítico hubo razas o por lo menos tipos muy distintos unos de otros. Es una opinión minoritaria. Si esto es verdad, el neolítico, de todos modos, juntó todo eso: fue un verdadero bulldozer, un gran pegamento genético... Todo se mezcló, de prójimo en prójimo. Y fue, efectivamente, esa mezcla la que dio nuestra actual diversidad genética.

Todos parientes, todos distintos

– Los acontecimientos que usted acaba de describir fundaron la identidad biológica y física del hombre. Somos resultado, entonces, a un tiempo de la gran diversificación operada por nuestros antepasados del paleolítico, pero también de la mezcla que siguió. ¿Y después no hemos cambiado?

– De un modo general, las poblaciones humanas actuales se parecen genéticamente unas a otras, aun cuando manifiestan una gran diversidad de aspecto

65

físico. De hecho, la "carrocería" del cuerpo, su aspecto exterior –color, forma, dimensiones–, todo lo que está en contacto directo con el entorno, es muy inestable y evolucionó rápidamente después de las primeras migraciones. En cambio el "motor", todo lo interior, no cambia: los 211 huesos que constituyen el esqueleto humano apenas han cambiado desde los primeros antepasados primates; aunque la presencia de tal o cual gen difiere un poco según los pueblos, el material genético de todos los seres humanos actuales sigue compuesto conforme a un mismo stock ancestral común a nuestra especie. Este patrimonio común nos viene de los cinco mil o diez mil "reproductores" de la prehistoria. Se ha ampliado en el curso del tiempo hasta los seis mil millones de ejemplares de hoy, pero es el mismo... Por otra parte, si se reúnen todos los genes humanos actuales se llega a un patrimonio genético semejante al que se encuentra en Africa oriental, en el Oriente Medio y en la península india.

– *Lo que confirma la tesis que la ciencia de hoy sostiene acerca de nuestros orígenes: un solo lugar para los orígenes del hombre, una sola población de antepasados, una sola lengua madre... Si se quiere extraer una lección de este primer acto, podría ser ésta: lo que distingue a las poblaciones humanas sería su aspecto y sólo su aspecto. Y si se considera el interior de los seres humanos, lo más íntimo de sus células, estas poblaciones son más bien semejantes.*

– Exactamente. Algunas personas siguen creyendo en la posibilidad de ordenar la humanidad en razas precisas. Es imposible. Toda clasificación que se quiera intentar será forzosamente arbitraria. Decir que no se puede clasificar a los humanos no significa que no haya diferencias entre ellos. Por el contrario: la diversidad de los humanos es inmensa, extrema. Pasmosa. Todos formamos una sola especie, tenemos el mismo repertorio de genes, provenimos de los mismos antepasados, hablamos lenguas diferentes que provienen de una misma lengua madre. Y, como individuos, cada uno es único. En realidad, la especie humana sólo se compone de casos particulares. Todo el mundo es diferente de todo el mundo. Desde nuestros primeros antepasados, ochenta mil millones de seres humanos se han sucedido en la Tierra. Sin embargo, jamás ha habido uno como usted o como yo en toda la historia del hombre. Somos, entonces, todos distintos. Y todos parientes…

ACTO 2

La conquista de lo imaginario

La infancia del arte

Un trazo de color apenas sugerido, el cuerpo de un animal grabado en la piedra... El hombre realiza gestos inéditos, como para dar testimonio de su propio misterio.

El esbozo de la estética

– *Nuestros antepasados, instalados en pequeñas colonias en el planeta, comienzan a diversificarse, a singularizar su lengua... Y, una vez más, se van a alejar del mundo animal y realizarán actos nuevos: un primer dibujo, un grabado... ¿Ya es propio del hombre, en esta época, el arte o por lo menos el sentido artístico?*

– **Jean Clottes:** Sí. Hace 35.000 años, los humanos, los *Homo sapiens,* poseían el mismo sistema nervioso que nosotros, las mismas facultades de síntesis y de abstracción; no eran más primitivos que nosotros. Forman parte de la misma humanidad. Tienen un modo de concebir el mundo, por cierto, muy distinto del nuestro, pero no necesariamente inferior al nuestro. En cualquier caso, cada vez que hay testimonio de su presencia descubrimos huellas de una creación artística.

71

– Se puede considerar que el nacimiento del arte se sitúa en una evolución continua hacia la complejidad, la que une el universo, la vida, y prosigue con el hombre a través del desarrollo de su cultura, su inteligencia, su percepción... ¿Experimentamos un Big Bang del arte?

– No un Big Bang, porque no se puede detectar un principio, ni siquiera un umbral. De hecho habría que buscar las raíces en épocas anteriores, antes incluso de la colonización del planeta por el *Homo sapiens* que acaba de relatar André Langaney.

– ¿Hásta dónde habría que remontarse?

– No se puede fechar el primer gesto ni situarlo en un lugar preciso. En realidad no es un suceso, sino una cadena muy larga de actos ínfimos que se pierden en la noche de los tiempos. Tomar una vara para hacer caer un coco o un racimo de bananas, como puede hacer un chimpancé, no es arte. Pero confeccionar un bifaz –una piedra cortante, tallada en las dos caras– buscando la simetría, marcar con estrías regulares un hueso, coleccionar conchas o fragmentos de cristal distintos a los otros... ¿Curiosidad? ¿Naciente inquietud estética? Sí, allí está el principio del sentimiento artístico.

– ¿Porque ello requiere recurrir a la imaginación?

– En efecto, esto implica por fuerza capacidades imaginativas, quizá modestas, pero específicamente humanas, que nos distinguen fundamentalmente del animal. Creo que el arte existe desde que el hombre transforma la realidad mediante la imagen mental que de ella se hace. Mientras uno se interroga, en esta actitud, acerca del nacimiento del sentido artístico, más se advierte que éste es antiguo. De este modo se encuentran huellas de actos "no utilitarios" en un pasado más y más distante, hasta hace doscientos o trescientos mil años.

Seis cristales misteriosos

– *¿Doscientos o trescientos mil años? ¿Tanto?*

– Sí, e incluso más. En Israel, en un estrato de sedimentos cuya fecha es anterior a 235.000 años, se ha descubierto una piedra cuya forma natural parece una silueta femenina y que lleva pequeñas incisiones que acentúan la cabeza. ¿Hay que ver en ello una intervención humana? En Bilzingsleben, cerca de Halle, en Turingia, en un yacimiento probablemente ocupado por *Homo erectus* entre (-) 220.000 y (-) 350.000, se ha encontrado un fragmento de costilla y otro de un hueso de elefante grabados con rayas e incisiones en serie.

– *¿Se trataría, quizás, del esbozo de las matemáticas?*

– Francamente, no hay que dejar correr demasiado la imaginación si se está ante estrías de 230.000 años. Es más probable que esos trazos se hayan realizado maquinalmente, por azar, sin la intención de apuntar a nada. Para ello habrá que esperar al *Homo sapiens,* que muy pronto será capaz de contar.

– *¿Qué otras huellas precoces se ha encontrado?*

– En Singi Talat, Rajastán (India), en un yacimiento de 150.000 a 200.000 años, se encontraron seis cristales de una roca que no existe en esa región y que, por tanto, se importaron como para constituir una pequeña colección. En otros yacimientos arqueológicos se ha descubierto que nuestros antepasados ya utilizaban el ocre hace centenares de miles de años...

– *¿Y cómo saber si le daban un uso artístico? Podrían haber utilizado el ocre para curtir las pieles, para impedir que se pudrieran...*

– Por cierto, pero los que procedían a curtir tienen que haber advertido que sus manos quedaban rojas y que si se tocaban el brazo o el rostro dejaban allí trazos coloreados. ¿Se sirvieron del ocre para pintura corporal? Es probable. Pero nunca lo podremos comprobar.

– *Algunas incisiones en un hueso, una pequeña colección de piedras, huellas de color... Es poco para hablar de arte...*

– Digamos entonces "prearte". No se puede saber si aquellos actos derivaban de una intención simbólica. Pero cuando se juntan conchas o guijarros porque se parecen ya se está buscando alguna armonía. Si se recoge una piedra distinta a las otras, se está seducido por la originalidad... Se puede ver en esto, legítimamente, el principio de una transformación del mundo a través de la persona humana. Si un animal camina sobre un mineral de oro, sólo se preocupa de no hacerse daño en las patas; nada más. Pero el pequeño *Homo erectus* que recoge ese mineral brillante demuestra algo muy distinto. Se despertó su curiosidad, está mirando lo que le rodea y detecta de súbito algo que no le parece "normal". Veo en ello un embrión de sentido artístico. Pero el paso a la creación verdadera me parece que sólo lo realizó nuestro antepasado directo, el hombre moderno.

¡Maestros ya entonces!

– *Hace 35.000 años el hombre moderno, entonces, pasa a técnicas mucho más sofisticadas. Pinta, graba, esculpe. Arte verdadero. ¿Qué pudo suscitar el primer diseño, el primer grabado?*

– Las huellas animales debieron de jugar un papel preponderante en la génesis del arte. Los cazadores del paleolítico sabían reconocer perfectamente las huellas de la presa y de las fieras peligrosas. Enseñar a los jóvenes el sentido de esas marcas constituye sin duda una de las principales etapas de su educación. El dibujo, para mejor darse a entender, del animal del cual se estudia la huella en el suelo es uno de los caminos posibles de la invención del arte. Sin duda hubo muchas otras. Durante mucho tiempo se creyó que hicieron falta milenios de gestación para que esos hombres pasaran de esbozos rústicos a representaciones más sofisticadas. Pero los descubrimientos recientes han derribado esa noción.

– *¿Me está diciendo que las obras antiguas ya demuestran cierta maestría artística?*

– Por cierto. Una serie de estatuillas de marfil de mamut que representan humanos y, con mayor

75

frecuencia, animales se han descubierto en el Jura alemán. A pesar de su antigüedad (de (-) 35 a (-) 30.000 años), algunas son pequeñas obras maestras que combinan sutilmente naturalismo y estilización. Desde que existe el concepto artístico bastan algunos individuos dotados para llegar muy pronto a excelentes realizaciones.

Obras efímeras

– Es de imaginar que la mayoría de las obras de estos primeros maestros no ha sobrevivido.

– Exacto. Sólo conocemos lo que se ha conservado, es decir una muy pequeña parte de las creaciones artísticas de esa época: objetos de piedra, marfil, hueso; dibujos y grabados sobre las paredes…. Pero todo lo demás –los objetos de madera, de piel, de arcilla sin cocer– ha desaparecido. Igual que los cantos, las danzas, los relatos de mitos… Lo esencial de nuestra cultura primera se ha perdido para siempre.

– ¿Y era tan rica como usted parece insinuar?

– Piense en ciertas tribus amazónicas de hoy cuyo único arte consiste en pinturas corporales… O en los indios navajos que pintan en la arena… Si los hombres de la distante prehistoria expresaron así su sensibilidad y sus creencias, podríamos concluir que no conocían el arte, y nos equivocaríamos. Todo lo que podemos decir es que por lo menos desde hace 35.000 años los humanos comenzaron a utilizar materiales no perecibles.

Millares de grabados

– *¿Podemos hablar entonces de una verdadera explosión artística en esa época?*

– Sí. Pero el período que cubre el arte paleolítico es inmenso. Se extiende de (-) 38.000, durante el período glaciar, cuando el hombre moderno se instala en Europa, hasta (-) 10.000 años, al alba del neolítico. Durante ese prolongado lapso el arte se manifiesta en pinturas y grabados rupestres, en estatuillas, en esculturas, que a menudo representan animales y pocas veces humanos. Y no cesamos de encontrar indicios que demuestran hasta qué punto la actividad creadora de nuestros antepasados era floreciente y no sólo en Europa, como se dice tan a menudo.

– *¿Y dónde, además?*

– Por todas partes. En Africa se han descubierto pinturas de hace 27.000 años y se calcula que ciertos grabados australianos superan los 40.000 años. Creo que en China e India, países que los arqueólogos han explorado poco, también se descubrirá algún día formas de arte extremadamente antiguas. Parece evidente que los inicios de la creación artística no son fruto de una cultura o de una etnia determinada, sino que están anclados en la naturaleza misma del *Homo sapiens,* de todos los *Homo sapiens.*

– *¿El arte sería un medio universal de expresión, presente en todos los continentes?*

– Sí, desde la prehistoria y hasta el período contemporáneo. Se trata sobre todo de un arte exterior,

77

a plena luz, sobre rocas o laderas de montañas. Los portugueses han descubierto recientemente millares de grabados en los pequeños acantilados de Foz-Côa, en las pendientes que dominan un afluente del Duero. Y allí mismo se puede imaginar que hay decenas de miles de dibujos desaparecidos. A través del tiempo nos llegaron los frescos especialmente protegidos, sobre todo los de las grutas.

¡Padre, hay toros!

– *Hablemos de esas cavernas. Después de Lascaux, la más bella, la más famosa, descubierta en 1940, se creía que jamás se volvería a hallar algo tan hermoso. Y en estos últimos años del siglo aparece la gruta submarina de Cosquer, dormida bajo las calas de Cassis, con su soberbio bestiario pintado entre (-) 25.000 y (-) 17.000. E incluso la caverna de Chauvet, en Ardèche, que ha resultado, con sus 31.000 años, la más vieja de las grutas decoradas. Se creía que se había excavado hasta los menores rincones del planeta, que se había explorado todas las cavidades. Y no cesamos de exhumar nuevas maravillas. ¿A qué debemos esos fuegos de artificio?*

– Hay que imaginar la Prehistoria como una larga cadena de la cual, de vez en cuando, encontramos un eslabón. A menudo basta una mirada nueva para hacer un descubrimiento. Hoy encontramos todo eso porque lo buscamos... Recuerde la gruta de Altamira, en 1879. En esa época se acababa de aceptar la existencia de un arte prehistórico sobre objetos: mamuts, renos grabados en huesos y aprisionados en capas arqueológicas. Cierto día, un español llamado Marcelino Sanz de Sautuola excavaba cerca de su casa, en Altamira, y su hijita, que jugaba a la entrada de la caverna, exclamó al mirar el techo: "¡Padre, hay toros!" Sautuola los estudió, reconoció bisontes y no toros. Tuvo la genialidad y el coraje de afirmar: ¡esto es prehistórico!

– *A fines del siglo diecinueve nadie creía que los hombres prehistóricos fueran capaces de tal creatividad.*

– No. Y a tal punto que la mayoría de los grandes sabios de la época tuvo miedo y trató de demostrar que se trataba de una falsificación. Imaginaban que los humanos de la prehistoria eran muy primarios y no podían atribuirles representaciones tan bellas. No era coherente con las ideas de su tiempo. Es posible que se pasara junto a tesoros y nadie reparara en ellos. De hecho, sólo se descubre lo que se conoce. Primero debe existir el concepto. Hace algunos años, por ejemplo, la gruta de Domme, al sur de Dordogne, sería como lugar de entrenamiento de espeleólogos. Un día alguien iluminó el techo desde un ángulo determinado: y quedó a la vista la escultura de un mamut de un metro de ancho... Miles de personas habían pasado por debajo sin advertirlo. Estaban preparados para encontrar grabados, pero no esculturas...

Otra mirada

– ¿Fue la mirada lo que cambió y permitió esos descubrimientos?

– Sí. Nuestra mirada. Y nuestros métodos. Pero los prejuicios continúan vigentes. Varios colegas eminentes dudaron de la autenticidad de la gruta submarina de Cosquer y sus originales animales cuando se la descubrió. ¡Cuánto se ironizó acerca de nuestro pingüino provenzal! "¿Una caverna submarina? ¿Con representaciones de focas y pingüinos? ¡Usted no habla en serio!" El descubrimiento de Lascaux produjo, en su momento, el mismo escepticismo. Pero conseguimos establecer que la caverna de Cosquer fue visitada en dos épocas, muy distantes una de otra, hacia (-) 25.000 y hacia (-) 17.000. Y su bestiario marino corresponde a lo que sabemos de la última era glacial. Por otra parte, se ha dudado de la datación de la gruta de Chauvet. Nadie imaginaba pinturas tan elaboradas en una época tan lejana, en torno a (-) 29.000. Pero hemos obtenido cuatro fechas concordantes en animales diferentes.

Hacer hablar a las ramillas

– ¿Y en realidad hasta qué punto son confiables esas dataciones? ¿Cómo se puede ser tan categórico acerca de épocas tan distantes?

– Hay, por cierto, buenos métodos antiguos, por ejemplo el del radiocarbono, que permite estudiar restos de animales o vegetales. El carbono radiactivo de todo organismo viviente se desintegra a una velocidad constante, que conocemos: pierde la mitad de su masa al cabo de 5.568 años. Calculamos esta pérdida y así medimos el tiempo transcurrido. Es obvio que mientras más viejo, menos queda de carbono radiactivo y menos seguras son las dataciones. En el caso de las cavernas, nos ayudan todas las disciplinas científicas. Y todo nos habla.

– *¿Por ejemplo?*

– Restos de fuego, una ramilla que sirvió de pincel. Se toma nota del menor detalle, del punto menor. Se examina el estado de las paredes para determinar si no se ha borrado o erosionado algún elemento. ¿Falta la cabeza de un bisonte? Recurrimos a especialistas en climatología subterránea para considerar la erosión y se hacen fotografías infrarrojas o mediante luz ultravioleta para detectar un fragmento de línea invisible… Hasta los mismos pigmentos se analizan cuidadosamente: hoy, para efectuar un análisis basta tomar una muestra, más pequeña que una cabeza de alfiler, de una pintura; y no se la deteriora. Para efectuar una datación es suficiente un miligramo de carbón de madera. La establecemos utilizando los aceleradores de partículas de los físicos, que entregan fechas muy precisas. ¡Hace veinticinco años necesitábamos de cinco mil veces más materia! Quizás, en el futuro, podamos recuperar ADN fósil, como comentaba André Langaney.

– *¿Pero cómo se relaciona esto con las cavernas?*

81

– Si suponemos que un artista escupió sobre su pintura, depositó entonces un poco de sus células. Sería fabuloso poder detectarlas...

Perspectiva

– Siempre se puede soñar... Hace 31.000 años, ¿creían nuestros antepasados que trabajaban para la eternidad?

– Nada permite afirmar que lo hicieran de manera deliberada. El grabado parece el procedimiento más habitual y quizás sólo fuera así porque se conserva mejor. Aprovechando la variable calidad de las rocas, los humanos, en cualquier caso, consiguieron una gama infinita de realizaciones: grabado fino, raspado, agujereado, grabado más profundo e incluso grabados con el dedo sobre superficies cubiertas con un revestimiento blando tal como los niños dibujan en los vidrios sucios de un vehículo. En las cavernas hemos hallado paredes y bóvedas cubiertas por completo por trazos hechos con los dedos. Los grabados finos son más difíciles de detectar. El grabador los hacía con una punta dura, a menudo de sílice. Levantaba entonces una película superficial de la roca y obtenía un efecto de blanco. Pero al cabo de algunos cientos o miles de años el grabado se cubre de una pátina y adquiere el mismo color de la roca contigua. Para hacerlo reaparecer debemos usar una luz tangencial que crea un efecto de relieve.

– Las pinturas son, a pesar de todo, lo más impresionante. Cuando se tiene el privilegio de ingresar a la caverna

de Lascaux, uno queda atónito ante lo novedoso y subyugado por tanta belleza. Los frescos pintados hace 17.000 años aún resplandecen con todos sus adornos, esas pinturas estallan de flameante ocre.

– Cuando las obras están bien conservadas, como ahora en Lascaux (prohibida al público) o en Cosquer (sepultada bajo el mar), las pinturas son por cierto más espectaculares. Dan testimonio de una madurez artística asombrosa. En conjunto, hace treinta o treinta y cinco mil años nuestros antepasados conocían todas las técnicas. Utilizaban los contornos naturales de las paredes para modelar relieves suplementarios. Sabían volcar la tercera dimensión en dos dimensiones. Está muy claro en Chauvet. En Lascaux, algunos milenios después, construyeron andamios para alcanzar la bóveda: aún son visibles los agujeros de implantación.

– *¿Inventaron la perspectiva?*

– Completamente. La técnica es perfectamente reconocible, nada debe al azar.

¡Y ya entonces la pintura al óleo!

– *¿Cómo fabrican sus pigmentos? Dominan los amarillos, los negros y los rojos…*

– Recogen guijarros, sencillamente. Bióxido de hierro mezclado con arcilla para los ocres; bióxido de manganeso o carbón para los negros, y óxidos de hierro para los rojos. Dibujan con esos guijarros como con lápices. Hoy nos resulta muy difícil distinguir esos dibujos de las pinturas, hay que efectuar un examen detallado para conseguirlo.

– *¿Y cómo aplican las pinturas?*

– En Lascaux hay animales que se han realizado soplando por la boca o quizás a través de un hueso hueco. Es la técnica del estarcido. Se obtiene así una especie de velo que permite interesantes modelados. También las pinturas se pueden aplicar con el dedo o con pincel de crines de caballo o de otro animal. Esos instrumentos han desaparecido, por cierto, pero hemos podido detectar las huellas de su uso mediante microscopios. Y hasta hemos descubierto restos de pigmento en piedras o paredes que debieron servir de paletas.

– *El equipo completo del pintor... ¿Pero cómo obtienen, a partir de guijarros, un color aplicable al pincel?*

– Aplastan y muelen el pigmento y agregan después algo para ligar. ¿Que líquido usaban? Se ha pensado en el agua –de lo cual nada quedaría, por cierto–, en la orina, en la clara de huevo, en la sangre (que a menudo emplearon los aborígenes de Australia). Pero hasta hoy nunca encontramos ese tipo de solvente en las grutas europeas. En cambio, gracias a los complejos análisis efectuados en las grutas pirenaicas de Fontanet y Trois-Frères, sabemos que hacia (-) 12.000 algunos artistas utilizaban un líquido a base de grasa vegetal o animal.

– *¡Pintura al óleo!*

– Es verdad. Tal como los pintores modernos, los hombres del paleolítico ensayaban diferentes recetas para perfeccionar sus obras. Agregaban, por ejemplo, a sus colores lo que los artistas llaman la "carga", un material inerte que permite economizar pigmento y conseguir una pintura más unida, que no se resquebraja. Esta carga se ha observado en algunas grutas de los Pirineos. Podía llegar al 30% de la pintura y provenía de un mineral de la región.

– *¡Parece que entonces los pintores del paleolítico inventaron todo!*

– Hoy ya no imagino una progresión constante de esas técnicas. La historia del arte, que comienza en ese momento con tal perfección, sin duda nunca ha sido lineal. Es indudable que determinadas técnicas fueron inventadas entonces, y luego olvidadas, reinventadas en otra parte. Y los artistas que seguirán durante milenios nunca debieron dudar de que a menudo no hacían otra cosa que recuperar secretos de sus antepasados.

En el mundo de los espíritus

Caballos fabulosos, bisontes enigmáticos, personajes idiosincráticos... Pintan, esculpen, graban y nos entregan una herencia de cavernas de belleza.

Luces y sombras

– *Nuestros antepasados ingresaron a las cavernas para entregarse a su arte misterioso. Los seguiremos un momento. Pero esas primeras obras exigen bastante. A veces hay que recorrer un kilómetro completo de galerías, atravesar laberintos accidentados, como cuando se accede al llamado "salón negro" de la gruta de Niaux, en Ariège, antes de animar, con el haz de luz de la linterna, bisontes y caballos del pasado. ¿Los hombres de la prehistoria se situaron primero al abrigo de las rocas antes de atreverse poco a poco hasta esos abismos subterráneos?*

– No, no hubo una progresión lenta hacia las profundidades, sino coexistencia del arte de la luz y del arte de las tinieblas. En los períodos antiguos, entre (-) 33.000 y (-) 18.000, los sitios adornados se reparten de modo bastante equivalente entre ambas tendencias. En períodos más recientes domina el arte de las tinieblas. El arte de las rocas es, por cierto, universal, pero, como lo destaca el gran prehistoriador André Leroi-Gourhan, el de las grutas profundas es un acontecimiento excepcional en la historia de la humanidad. Existió casi exclusivamente en el paleolítico europeo. Hay muy contados casos en América Central, en Australia y en Estados Unidos. Ninguno en Africa. Es una opción cultural que denota un estado de espíritu muy particular.

– *¿Particular en qué sentido?*

– Durante todo ese largo período –desde (-) 35.000 a (-) 10.000– se puede advertir una unidad extraordinaria de técnicas y representaciones. ¡25.000 años de una misma tradición artística! En Europa sólo conocemos unas 350 grutas y refugios adornados, lo que no es mucho. Pero en ellos, desde los Urales hasta Andalucía, se encuentran los mismos estilos, los mismos tipos de pintura. Dibujos semejantes a varios centenares e incluso a millares de kilómetros de distancia. Por supuesto que el arte de las grutas presenta alguna diversidad, pero su unidad es fundamental, indiscutible. Y a tal punto que si le muestro una representación de un fresco de la gruta de Chauver (de treinta mil años) y otra de las cavernas de Niaux (de hace trece mil años), le resultará muy arduo diferenciarlas, pero reconocerá inmediatamente en ellas el arte prehistórico.

Retrato del artista

– Realizados por verdaderos artistas... ¿Quiénes son, exactamente?

– Son los cazadores-recolectores de que habló André Langaney. Pescan salmones y truchas en los ríos y sobre todo cazan la gran fauna –caballos, bisontes, renos–, pero también cabras, a veces el uroc. Sus mujeres recogen frutos silvestres, raíces y champiñones, que representan lo esencial de su alimentación... Y se comportan como seminómades, explotan un lugar durante varios meses y después se marchan y se instalan en otra parte, en los caminos de paso de los renos, por ejemplo. No olvidemos que en esa época aún hacía bastante frío: estamos en la última glaciación; el mediodía de Francia se parece bastante a la Suecia de hoy.

– Viven siempre como seres salvajes, muy cerca de la naturaleza y de los animales.

– Sí, si se quiere decir así. Pero sin duda cultivan dones y posibilidades que ya no poseemos. Basta seguir a africanos entre la maleza o a lo largo de un sendero. No vemos nada, algunas marcas difusas en la arena, nada más. Pero ellos te explican que por allí pasó una gacela hace hora y media, que pesaba tantos kilos, que cojeaba de la pata izquierda... ¡Y no se equivocan! Nuestros antepasados cazadores-recolectores también debieron contar con esa capacidad de observación.

– ¿Viven en grupos?

– Posiblemente, en grupos de una veintena de personas. Una familia compuesta por los padres y varios niños no puede subsistir si ocurre un accidente a uno de los adultos y, a la inversa, muy pronto resulta imposible alimentar cada día a una comunidad de un centenar de personas... En grupos pequeños pueden repartirse las tareas: cocer, cazar, trozar los animales, preparar los alimentos, fabricar ropas y útiles. Su sociedad es bastante igualitaria.

– ¿Y se comunican de un grupo a otro, se transmiten sus técnicas?

– Las comparaciones etnológicas lo sugieren: las comunidades que viven separadas, a algunas decenas de kilómetros unas de otras, organizan encuentros estacionales. En estas ocasiones se tejen vínculos, se anudan relaciones entre hombres y mujeres, se intercambian alimentos, objetos... En el yacimiento de Mas d'Azil hemos hallado conchas provenientes del Atlántico, que está a unos 300 kilómetros de allí. Así pues, nuestros ancestros viajan, se reúnen y comparan sus técnicas, sus ideas, sus mitos y su arte.

Ni danzantes ni estrellas

– Ingresemos entonces, siguiendo sus huellas, en el secreto de las grutas, a lo más distante, a lo más profundo, a lo más oscuro, hasta donde dejaron sus pinturas y sus grabados. La lámpara se enciende y de súbito se animan a esa

89

*luz tenue: inmensos urocs, vacas y toros, caballos de crin
negra, ciervos delicados, macizos bisontes... Son los bestia-
rios fabulosos que se han contemplado en Lascaux y en
todas las otras cavernas.*

– Son, en efecto, imágenes de animales, la mayoría hervíboros de gran tamaño, que nos marcan la
memoria. También se encuentran en las grutas numerosos signos misteriosos y algunos esbozos de seres
humanos. Pero primero hay que señalar lo que no se
encuentra en estos frescos subterráneos.

– ¿Es decir?

– Los artistas nunca representan el sol, la luna, las
nubes, las estrellas. También ignoran la flora: no hay ni
árboles ni plantas. Tampoco paisajes. Nunca chozas ni
casas. Tampoco hay escenas que representen grupos de
personas bailando, cantando, preparando alimentos. Lo
cotidiano está ausente. Cuando se sumergían en las
tinieblas, nuestros antepasados al parecer no preten-
dían describir su entorno habitual. En cualquier caso,
no lo muestran en las cavernas. Es evidente que este
arte no procede de la descripción.

Animales...

– Sin embargo, reproducen los animales de su región.

– Por cierto, cambian los temas, por lo menos
parcialmente, de un lugar a otro, a veces inspirados
en el entorno: algunas representaciones de la fauna
marina en Cosquer, por ejemplo. Pero también hay,

en Chauvet, una mayoría de animales escasos y peligrosos: rinocerontes, felinos, mamuts y osos... No se trata, entonces, de un panorama de la fauna existente, sino más bien de un bestiario, de una selección de animales. El zorro y el lobo, los conejos y las liebres, de los cuales hay restos en los estratos arqueológicos, están representados muy pocas veces. Es el mismo caso de los pájaros, los peces, las serpientes, las nutrias, los glotones, las comadrejas, las garduñas. Ni un solo insecto tampoco. Abundan en cambio los caballos, los bisontes, las cabras. Esto corresponde a elecciones muy precisas.

– *En cualquier caso, y a tantos milenios de distancia, esos animales parecen extraordinariamente vivos, listos para saltar de una pared a la otra. ¿Cómo conseguían esos artistas tanto realismo?*

– No representan estereotipos de caballos, de bisontes o de mamuts, sino a individuos precisos de los cuales a menudo es posible reconocer la edad, el sexo y la actitud. Si se observan los detalles, se puede decir, por ejemplo, si se trata de un bisonte macho, de cierta edad, que patea el suelo porque está molesto.

– *¿Cómo se puede ser tan exacto?*

– La arqueología no es asunto de arqueólogos solamente. Recurrimos a otros expertos, a artistas... Un especialista en comportamiento animal, que ha estudiado muy bien el bisonte de Europa en semi libertad, me enseñó, por ejemplo, a distinguir a estos animales según su edad y su sexo, a fijarme en las pinturas

91

donde se los representa voluntariamente desde arriba, duros, con las patas tiesas. Hasta ahora creíamos que estaban representados de perfil. Se trata, en realidad, de bisontes muertos, con el aspecto característico que se observa inmediatamente después de abatirlos. Sin duda hay una multitud de otros códigos que aún no hemos descifrado.

Hombres...

– ¿Y por qué son tan escasos los seres humanos?

– Hemos enumerado un centenar en el conjunto de las grutas, lo que es muy poco en comparación con las figuras animales. Apenas conocemos una veintena de seres humanos enteros. Quizás nuestros antepasados se sentían muy aislados en un mundo animal pletórico. Debían percibirse como animales, como animales "diferentes".

– Esos pocos humanos dibujados en las grutas aparecen sobre todo como siluetas, apenas esbozados...

– En efecto, carecen por completo del realismo de las figuras animales. La mayoría de las veces no se puede distinguir, incluso, si se trata de hombres o de mujeres, tan difusos son, elementales, caricaturescos. Voluntariamente se los ha pintado difuminados, con poco detalle. Los artistas no quieren representar a gente que se podría reconocer. Esto tiene que ser deliberado, porque saben muy bien dibujar los animales. Y esto es así, sin duda, por el poder que se

atribuía a las imágenes, las cuales, en muchas civilizaciones, equivalían a la realidad.

– *En estas pinturas y en estos grabados hay pocas
escenas de agresión contra los humanos...*

– Solo conocemos tres casos: en Pech-Merle,
Cougnac y Cosquer. Allí aparecen seres humanos llenos
de trazos. ¿Quién los ha matado? ¿Son en verdad seres
humanos o más bien espíritus? Los dibujos son bastos,
voluntariamente simbólicos. Durante mucho tiempo se
interpretó las líneas que atraviesan los cuerpos humanos como la expresión de fuerzas vitales. El "hombre
matado" de Cosquer, en cambio, no admite ambigüeda-
des. Es un arma lo que lo derriba. ¿Nos encontramos,
quizás, con un tema comparable al de la crucifixión? ¿O
ante un signo mágico de destrucción por maleficio? Una
cosa es segura: está muy presente la idea de asesinato o
de ejecución. Hay que revisar la hipótesis según la cual
la violencia deliberada, desconocida entre los nómades,
sólo habría aparecido en el neolítico.

– *¿Y la guerra?*

– No existe en el sentido que le damos hoy: grupos humanos que se baten hasta el exterminio de
uno de ellos. No olvidemos que el mundo prehistórico está casi vacío. Los grupos humanos viven aislados,
en ecosistemas diferentes, no conocen la propiedad
del territorio. Guerras organizadas habrían dejado huellas, y no las hay. ¿Pero por qué no podía haber
escaramuzas, crímenes? Esto pertenece a la naturaleza humana. Los hombres del paleolítico no debían
ignorar la envidia, la avidez, la disputa.

93

... y mujeres

– Además de estos seres humanos completos, pero in-ciertos, hay en las grutas representaciones de partes del cuerpo, brazos solitarios, cabezas aisladas...

– Otra vez no es posible decir si esas cabezas, a menudo sin cabello, de rasgos caricaturescos, a veces afectadas por una nariz gigantesca, son masculinas o femeninas. Hay otros segmentos corporales presentes, sobre todo sexos. Encontramos la figuración de un sexo masculino en la gruta de Cosquer. Pero en general se trata de sexos femeninos.

– ¿Representan la feminidad, la fecundidad?

– La gruta completa debió ser percibida como una entidad hembra. El símbolo parece evidente: la caverna es una cavidad, está en el vientre de la tierra... Las fisuras desempeñan un papel importante en el arte de las cavernas, evocan sin duda la gestación de las potencias animales. Una gruta hembra, paredes hembras...Es una interpretación elemental, que parece muy verosímil y se apoya en simbolismos universales.

– ¿La gruta simbolizaría en cierto modo la maternidad?

– Quizás, pero en el sentido más amplio: la maternidad de la tierra. Por otra parte, no encontramos representaciones de mujeres encintas ni de nacimientos.

– ¿Los humanos de esa época relacionaban el acto sexual con la maternidad?

– Imposible decirlo. Conocemos, por la etnología, tribus que no establecen esta relación, y otras, de

94

un nivel de desarrollo cultural análogo, para quienes esto es evidente.

Las manos misteriosas

– Los artistas de la prehistoria también inscribieron signos extraños en las grutas, especialmente esas famosas manos aplicadas en las paredes como enigmáticas firmas.

– Han solido indicar el camino a los exploradores de la prehistoria. Fue por ejemplo la primera señal que advirtió Henri Cosquer en su gruta submarina, lo que lo incitó a interesarse y continuar. Aplicando en la roca la mano cubierta de pintura, nuestros antepasados obtienen lo que se llama "mano positiva". También realizan "manos negativas" según la técnica de la plantilla: aplican primero la mano sobre la pared y soplan el color alrededor; se muestra entonces el dibujo del contorno de los dedos.

– ¿Cuál podía ser el sentido de esa diferencia?

– El efecto de estas manos, positivas o negativas, era probablemente el mismo. A menudo se las encuentra en las mismas grutas. Es una práctica bastante universal. Desde siempre los hombres han reproducido así sus manos en las rocas; los aborígenes de Australia las pintan todavía. También se las observa en América del Sur, en grutas donde se desarrollaban ritos de iniciación. En las cavernas profundas podían tener la finalidad de entrar en contacto con los espíritus de atrás de las paredes. Ya volveremos sobre esto…

95

– *En las paredes de la caverna submarina de Cosquer, en Marsella, y en la de Gargas, en los Pirineos, también hay manos con dedos incompletos...*

– Más de los dos tercios de las manos de esas dos grutas presentan, en efecto, esas características. Algunos han visto en ello mutilaciones voluntarias, realizadas en señal de duelo o para cumplir un rito.

– *Resulta curioso, sin embargo, que cazadores prehistóricos, que manejaban armas diariamente, se mutilaran de ese modo...*

– Exactamente. Por esa razón otros investigadores han sugerido que esos dedos recortados eran el resultado de necrosis por grave congelamiento o por enfermedades... Pero no se entiende por qué siempre habrían de afectar a los mismos dedos. Ni por qué, a 400 kilómetros de distancia, los hombres de Cosquer y los de Gargas habrían experimentado la necesidad de representar sus heridas en las paredes de las grutas. Por otra parte, nunca se ha encontrado un esqueleto de ese período que tuviera falanges mutiladas. Queda una hipótesis, que André Leroi-Gourhan ya ha presentado: se trataría de manos con los dedos doblados, de elementos de un código gestual que expresaría mensajes sin duda vinculados a la caza.

– *¿Una especie de lenguaje silencioso para no espantar a la presa?*

– Es muy posible. O quizás esos signos estaban destinados a la transmisión de relatos iniciáticos. ¿Pero cómo saberlo?

Los jeroglíficos de la prehistoria

– Y los otros signos, esos puntos, esos trazos, esos basto-nes que suelen cubrir las paredes de las grutas… Son menos espectaculares que los frescos y a veces se tiende a olvidarlos.

– Sí, y sin embargo son muy abundantes. En un solo plano de la gruta Chauvet, por ejemplo, ya se han contado ciento veinte puntos rojos. Estos signos constituyen una constante impresionante del arte pa-leolítico durante veinte mil años. A veces acompañan a las figuraciones, otras están situados a la entrada de las grutas o, por el contrario, bien al fondo…

– Hay otros signos que parecen más complejos que esos trazos o esas nubes de puntos rojos.

– Algunos, en efecto, son muy particulares y muy elaborados. Se ha encontrado "claviformes": una barra vertical con una pequeña bola arriba, situada a la derecha o a la izquierda. También hay "tectifor-mes", con forma de techo. Hay rectángulos con estrías, triángulos, óvalos, trazos dentados, con for-ma de gancho…

– ¿Sería absurdo ver en ello el esbozo de una comunica-ción, quizás de una escritura?

– Se trataría, mejor, de "mitogramas", según la expresión de Leroi-Gourhan: de un sistema de ideas. Tienen el mismo aspecto general, pero sus asociacio-nes parecen siempre distintas. No hay constantes ni repeticiones detectables como en una escritura… Se podría pensar que no forman parte de un mismo sistema. Y que, a diferencia de los jeroglíficos, jamás se los podrá leer.

– *Siempre se puede esperar... ¿Por qué esos seres humanos evolucionados, esos artistas indudables, que poseen un lenguaje oral elaborado y representaciones gráficas, no podían tener un sistema escrito?*

– Hay otras culturas que funcionan del mismo modo. La comunicación por la escritura responde, por cierto, a imperativos económicos, a una red institucionalizada de comercio con otras tribus. En esa época, la sociedad de cazadores-recolectores sencillamente no sentía esa necesidad.

– *Algunos motivos no parecen trazados con tanta precisión. Dan, más bien, una impresión de confusión...*

– Los trazos imprecisos –manchas, líneas entrecruzadas, líneas raspadas– aparecen con frecuencia en todas las épocas del paleolítico. Esta persistencia supone por fuerza una intención precisa. Cuando millares de trazos digitales cubren por completo las paredes y bóvedas de una gruta, se puede pensar que el hombre desea apropiarse así del espacio subterráneo, que quiere cubrir todas las superficies que cree propicias o entrar en relación con las fuerzas que allí se encuentran.

La magia del abate

– *Salgamos de la gruta y detengámonos un momento. Durante su tan larga historia, nuestros lejanos abuelos ca-*

zadores-recolectores se sumergieron en las tinieblas para allí realizar su obra artística. ¿Cómo explicar unos actos de todos modos bastante singulares? Hacia fines del siglo diecinueve, cuando se descubrieron las primeras grutas, se vio en ello gestos gratuitos, desprovistos de significación: el buen salvaje, que apenas tenía necesidad de trabajar, decían, ocupaba sus ocios haciendo arte...

– El modo de considerar las grutas refleja, en efecto, las ideas del tiempo. En el siglo diecinueve, continuaba la influencia de Rousseau. Se imaginaba la edad prehistórica como una edad de oro. Los científicos de entonces, librepensadores que luchaban contra la Iglesia, no propendían a atribuir sentimientos religiosos a sus antepasados.

– *Hubo que revisar esos prejuicios.*

– Sí. A principios del siglo veinte se comprendió que nuestros abuelos paleolíticos, aislados, debían luchar para sobrevivir en un mundo hostil y que seguramente sentían la necesidad de una ayuda exterior. De allí proviene la idea de que las pinturas de las grutas representan más que arte, que son ritos de maleficio o de brujería. Esta hipótesis, desarrollada por el famoso abate Breuil, que autentificó las pinturas de tantas grutas, fue aceptada durante cincuenta años.

– *¿Se cree entonces que cada pintura, cada grabado, representa un ritual de caza?*

– Exactamente. Es un dogma, a menudo fundado en comparaciones etnológicas algo precipitadas, y desarrollado en tres puntos: caza, fecundidad, destrucción.

99

Para favorecer la caza, se explica entonces, el hechicero iba a la gruta y dibujaba un bisonte atravesado
por una flecha. Si agregaba un gran vientre a los
animales hembras, era para asegurar la multiplica-
ción de la presa. Y si dibujaba un animal peligroso,
como el león de las cavernas, y después golpeaba su
esbozo con una piedra, lo hacía con la intención de
hechizarlo y destruirlo.

– *¿Representar un animal era entonces darle vida o
muerte, adquirir poder sobre él?*

– En efecto. Pero las interpretaciones del abate
Breuil carecen de coherencia. No era ni muy lógico
ni satisfactorio que una imagen pudiera servir en algunos casos para destruir los animales y en otros para
multiplicarlos.

– *¿Cómo interpretaba el abate los numerosos signos
presentes en las grutas?*

– Lo hacía siempre desde la perspectiva de la
magia de la caza. Los signos claviformes eran para él
unas mazas, y azagayas los trazos verticales. Un punto
rojo sobre un bisonte era una herida. Varios puntos
rojos en círculo con un punto al centro, junto al bisonte, como en Niaux, representaban a los cazadores
y al bisonte que iba a ser matado. Pero también en
este caso, dos puntos idénticos, uno junto al otro,
habrían tenido un sentido por entero diferente. Por
lo demás, Breuil ignoraba en sus informes todo lo
que consideraba trazos parásitos: líneas entrecruzadas, trazos digitales.

100

Las cavernas sexuadas

– Y después la mirada cambia. Llega el prehistoriador André Leroi-Gourhan, el gran especialista del arte paleolítico, que nada deja pasar. Pone a punto métodos de excavación sistemática, un trabajo de hormiga que obliga a los investigadores a hacer el repertorio de cada pulgada de terreno explorado y a leer cada estrato horizontalmente, como si deshojaran el libro del pasado. Con él ya no se ven las grutas del mismo modo.

– André Leroi-Gourhan estableció, en las grutas, porcentajes de animales, lugares, disposición de pinturas y signos; buscó analogías, estructuras comunes. Propuso una hipótesis enteramente nueva: los artistas hechiceros habrían organizado deliberadamente su arte en el espacio subterráneo a partir de un dualismo sexual. La elección de los animales correspondería a ese simbolismo: el bisonte era femenino, el caballo masculino. Los signos se alineaban en esas dos categorías: los signos simples, los puntos, los trazos, eran masculinos; los signos "vacíos", círculos, rectángulos, cuadrados, eran femeninos. Pero esta teoría apenas ha convencido.

– Sin embargo, al visitar diversas grutas, se percibe una unidad, un pensamiento organizador, algo que va más allá de la emoción artística...

– Parece evidente que las grutas adornadas no son simples receptáculos de imágenes tiradas al azar en las paredes. Por cierto que diversas lógicas pudieron coexistir o sucederse en las mismas cavidades.

101

Pero a pesar de la diversidad, la unidad de este arte es indudable e impresionante. ¡Y persistió durante 25.000 años! La sociedad paleolítica evolucionó muy lentamente. No obstante, la expectativa de vida de los hombres de esos tiempos era muy breve, veinticinco o veintiocho años. ¿Cómo se pudo transmitir de una generación a otra la experiencia y el saber hacer, y con tanta coherencia? Eso es lo extraordinario.

– *Lógicamente, en ese mundo donde los grupos humanos vivían aislados durante milenios, el arte y lo sagrado debieron diverger de mil modos. ¿Cómo explicar entonces una tradición tan larga y además universal?*

– Ya sabemos que entonces existían intercambios entre los grupos humanos; pero esto no basta. Hacía falta otro vínculo unificador poderoso para que un arte se expresara en una forma más o menos equivalente durante tanto tiempo en toda Europa.

– *¿Y ese vínculo es por fuerza de esencia religiosa?*

– Sí, se apoya indiscutiblemente en el simbolismo, en la creencia, en lo sagrado. Los hombres del paleolítico no ingresaban en esas cavernas oscuras, de acceso difícil, sin tener razones imperiosas. Esa práctica se mantuvo durante tantos milenios –más de diez veces la duración de la religión cristiana– gracias a un sistema estructurado y bastante rígido de transmisión de conocimientos, con ritos, mitos, representaciones del mundo. Gracias a una verdadera religión.

El nacimiento de la religión

Están allí, espantados, en lo más hondo de las tinieblas, alrededor del chamán que llama a los dioses. Un mundo misterioso se anima ante ellos. Se han vuelto religiosos.

El despertar de lo sagrado

– *Abriendo un ojo más curioso sobre el mundo, el animal humano detectó anomalías, contradicciones, armonías. Poco a poco inventó la belleza, el arte, el soñar despierto. Y ahora, en el fondo de las cavernas, extiende el territorio de su imaginario, concibe un mundo paralelo, poblado de fuerzas bienhechoras y malditas, amigas y enemigas... El espíritu religioso le habría llegado así simultáneamente, casi lógicamente...*

– Nuestros antepasados de las grutas se plantearon la pregunta fundamental, la que señala el acceso a la verdadera humanidad: "¿De dónde venimos?". Se sabe que los mitos de la génesis desempeñan un papel esencial en la expresión del imaginario y dan cohesión a toda tribu, ¡incluso, por lo demás, a las tribus occidentales de hoy! Los hombres de esa época, capaces de manejar conceptos muy evolucionados, adquirieron una visión del mundo que hace intervenir potencias sobrenaturales con las que intenta relacionarse.

– *¿Esta visión del mundo no pudo aparecer antes? ¿El arte y lo sagrado serían entonces lo propio del* Homo sapiens?

– Sí. Dudo de que el sentido de lo sagrado haya podido existir antes de nuestros antepasados directos o de sus primos, los neandertales. En algunas épocas, quizás el *Homo erectus* apreció la simetría de un bifaz, pero esto no le impedía comer a sus compañeros muertos, lo que no indica un sentido muy desarrollado de lo sagrado. El hombre de Neandertal enterraba a sus muertos: en La Ferrassie, en Dordogne, se ha encontrado una losa puesta sobre la tumba de un niño de Neandertal, adornada por dieciocho pequeñas copas. Cavar una sepultura, depositar allí determinadas ofrendas, manifiesta una creencia en otra vida, en otro mundo, postula un esbozo de religión...

La cruz de los extraterrestres

– *Pero, como en el caso del arte, la verdadera religión sólo apareció con el hombre moderno, el de las grutas. ¿Es así?*

– En el despertar de la sensibilidad, creo que incluso sucedió al arte. Pero no olvidemos que la separación entre sagrado y profano, religioso y laico, es una concepción occidental moderna. Las culturas tradicionales no hacen esta distinción. Para ellas todo está mezclado. Tomemos el caso de los propulsores, que permitían que nuestros antepasados enviaran una azagaya diez o veinte metros más lejos que con la sola fuerza del brazo. Este instrumento cumple sin duda un papel práctico. Pero está adornado con una cabra o un pez grabados. Parece que se le agrega así un elemento ritual. Lo que nosotros llamamos sagrado está mezclado en esos tiempos de manera inextricable con las actividades de la vida corriente.

– *Lo sagrado implica sin embargo símbolos, rituales, ceremonias...*

– Los únicos testimonios que nos quedan son las obras de arte prehistóricas. Un arte fósil, cuyos códigos ya no poseemos. Se ha roto el lazo que nos apegaba al pasado y sólo podemos aventurar interpretaciones elementales, en cierto modo un marco. Para hablar de simbolismos, necesitamos estar seguros de que se trata de sistemas universales, presentes en todo tiempo y lugar. Supongamos que usted es un extraterrestre que nos visita y que descubre cruces, escenas de crucifixión, y nada conoce de la historia de Cristo... Y bien; ésa es exactamente nuestra posición ante el arte paleolítico: estamos desprovistos de textos, de guías, de explicaciones.

La puerta del más allá

– *Aventuremos entonces una interpretación. El arte no es sólo ni sencillamente mágico, también es religioso. ¿Se puede decir que representa una inmersión en la búsqueda de los orígenes?*

– Si tuviera un sentido profano, anecdótico, este arte se habría expresado constantemente hacia el exterior, sería visible para todos. Ahora bien, se esconde, a menudo distante de lo práctico y lo cotidiano, en lugares desiertos. Al contrario de una opinión muy difundida, la gente de esa época no habitaba en esas cavernas oscuras, húmedas e incómodas, sino a la entrada de esas cavidades, en refugios o en tiendas. Las grutas son para ellos lugares de culto donde sólo se penetra excepcionalmente. Escoger las tinieblas profundas es entrar deliberadamente en otro mundo.

– *En muchas civilizaciones el universo subterráneo representa el dominio de los espíritus, el más allá, incluso la boca de los infiernos.*

– Estamos ante una idea universal. Las cavernas suscitan vagos temores, angustias atávicas. Penetrar en las entrañas de la tierra es viajar al más allá.

– *Un más allá de difícil acceso... ¿Es voluntario?*

– ¡Y cómo! Los artistas del paleolítico se deslizan en las cavidades más apartadas para dejar su marca. En la gruta Chauvet hay que reptar a cuatro patas hasta el extremo de una larga galería para contemplar tres osos rojos extraordinarios. En la gruta Gargas, que tiene 26.000 años, se debe bajar una rampa de unos quince metros antes de descubrir, al fondo, una mano negativa. Y en Lascaux una sola persona se puede deslizar por vez hasta el extremo del sendero de los felinos, que está cubierto de grabados.

106

El poder de los chamanes

– Los artistas no trataban de atraer al público... ¡Es lo menos que podemos decir!

– A ellos no les importa necesariamente el resultado, sino el acto mismo, la creación. Está claro que las obras de la prehistoria no provienen del acto gratuito, del arte por el arte. Y tampoco los hombres, o las mujeres, capaces de hundirse así en las tinieblas, son cualquiera. Se trata de iniciados, de chamanes.

– Pregunta ingenua: ¿qué es un chamán?

– El chamán es un mediador, el intermediario con el medio sobrenatural. Al contrario del hechicero, no comanda las fuerzas ocultas. Va al mundo de los espíritus y discute. Puede así restaurar una armonía rota o terminar con un hechizo.

– ¿De dónde saca su poder?

– La tradición chamánica, todavía viva en Siberia, en América, en el sur de Africa y en algunas regiones de Asia, se apoya en la búsqueda de estados alterados de conciencia: el trance, las visiones, las alucinaciones... Cuando un chamán entra en trance, su espíritu viaja en un mundo sobrenatural, poblado de seres míticos, de animales, de hombres o de quimeras. Trata de conseguir su ayuda para sanar a los enfermos, asegurar la caza, traer la lluvia. Por supuesto que no se puede asimilar a los hombres del paleolítico con los bosquimanos del Kalahari ni a los indios de las Américas, pero estas poblaciones nos dan una idea de la complejidad de los conceptos en juego y de los conceptos universales que quieren representar.

Los seminarios del arte

– *Tratemos entonces de adoptar la perspectiva de nuestros antepasados. ¿Qué representa, verdaderamente, este poderoso chamán? ¿Es el responsable de la tradición de la tribu?*

– El chamán es elegido. No sólo debe conocer todas las tradiciones, especialmente los mitos de los orígenes, sino que debe contar con poderes especiales para entrar en contacto con el mundo sobrenatural y ayudar a la tribu. Debe aprender, por cierto, algunas técnicas.

– *Algo semejante a lo que hacen los sacerdotes en los seminarios...*

– Los sacerdotes estudian y se ejercitan, entre otras cosas, en el canto. Los chamanes de la prehistoria deben asimilar las técnicas del dibujo y del grabado. ¿Aprendían además el canto y la danza? Son, en cierto modo, los jefes de las escuelas artísticas y religiosas.

– *¿De verdad cree que había escuelas de arte prehistórico?*

– En más de un sentido. La transmisión de conocimientos es evidentemente sólida y estructurada en esa época, ya que la mayoría de los dibujos demuestran una cualidad artística bastante notable. Pero, por otra parte, se puede advertir que hay "escuelas" con técnicas y estilos particulares.

108

– *¿Por ejemplo?*

– Considere las patas de los animales: en Niaux y otras grutas pirenaicas, las que están en segundo plano se encuentran apenas esbozadas y así pueden indicar la perspectiva. Observe la cornamenta de algunos bovinos: siempre presenta el mismo perfil. Esto no quiere decir que sus autores no saben dibujar. Por el contrario, la mayoría de las pinturas son naturalistas y respetan las proporciones a la perfección. Los artistas siguen, sencillamente, las convenciones estilísticas que probablemente se transmiten de una región a otra.

– *¿Y era durable la influencia de esas escuelas?*

– En extremo. En España, no lejos de Valencia, en la gruta de Parpalló, se han encontrado más de 5.000 plaquetas de piedra, grabadas o pintadas, en estratos arqueológicos que abarcan casi 10.000 años. Esto significa que una misma tradición, unos mismos ritos y unas mismas técnicas se perpetuaron durante varios milenios.

Al otro lado del espejo

– *¿Le parece que las convenciones artísticas también reflejan las sutilezas del sentimiento religioso?*

– Sí. Las convenciones de estilo manifiestan creencias, ritos. Los chamanes, por ejemplo, superponen a veces sus obras sobre trabajos antiguos que el tiempo ha deteriorado. Estas marcas indican que consideran sagrada a la pared y el poder que le atribuyen. Esto recuerda la práctica de los cementerios y de las ofrendas votivas. Un día se cree que un lugar es sagrado o propicio a los milagros y las generaciones futuras lo veneran.

– *¿Se observa alguna voluntad de destruir, de borrar los vestigios de una religión pasada, como ocurrió con las capillas cristianas que se construyeron sobre las ruinas de templos paganos?*

– En muy escasas ocasiones. En la gruta Chauvet, algunas pinturas han sido borradas mediante raspado. En Cosquer, unas manos negativas, de (-) 25.000, han sido destruidas mediante estrías voluntarias realizadas mucho más tarde, sin duda hacia (-) 17.000. Pero puede ser que, a tantos milenios de distancia, los visitantes sólo hayan distinguido trazos difusos y deseado aprovechar la potencia de la pared...

– *Los artistas también utilizan a menudo los contornos de las rocas, los relieves naturales. ¿Qué significación podemos dar a esos gestos?*

– En las grutas, la luz vacilante de las antorchas o de las lámparas de grasa animal produce sombras móviles en las paredes y proyecta fácilmente las formas animales que pueblan el imaginario de nuestros antepasados. En el pliegue de una roca identifican un caballo, un bisonte, un mamut... En una fisura, un espíritu a la espera, dispuesto a salir... Si lo completa, si lo dibuja, el chamán entra en contacto con ello.

Las fuerzas animales

– *¿Se mantienen entonces los espíritus detrás de la pared, en el mundo sobrenatural?*

– Sí. El chamán va a su encuentro para extraer fuerza y poder. Las pequeñas puntas de hueso implantadas en la roca representan sin duda otra forma de comunicación con los espíritus. Lo mismo vale para las manos negativas: la pintura cubre la mano y la roca, la mano desaparece, pasa al otro costado del espejo... La pared sólo es un velo que oculta a los espíritus.

– *Todos estos símbolos nos llevan a los animales. ¿Las fuerzas ocultas son entonces fuerzas decididamente animales?*

– Es lógico. El cristianismo, antropomorfista, nació en un mundo de agricultores y ganaderos, en un mundo sometido al hombre: a Dios Padre y a Jesucristo se los representa como dos personas. El paleolítico es un universo poblado de animales. Allí es normal que el poder sobrenatural provenga de una prerrogativa animal.

– *Estos animales-espíritus son entonces sagrados. ¿No se los puede cazar ni matar?*

– No necesariamente. Divinizar a ciertos animales correspondería al totemismo: un grupo humano se asimila a un animal tótem que debe ser protegido. Pero en las grutas no es así: los animales atravesados por flechas y azagayas sufren una muerte simbólica. No son sagrados. Entre los indios de California, el muflón era el animal chamánico por excelencia, el que aportaba lluvia. Esto no impedía que lo cazaran y lo comieran.

En trance

– *Más allá de la noción de poder, es difícil comprender el simbolismo con que nuestros antepasados dotan a cada animal.*

– Sí, y más todavía pues, durante un período tan largo, este simbolismo debió evolucionar y cumplir funciones muy distintas: transmitir mitos al resto de la tribu, señalar ritos de nacimiento, de unión, de entierro, de curación de enfermedades; comunicarse con otros grupos o incluso con los dioses. Pero, según toda probabilidad, y ésta es una de las enseñanzas esenciales que nos ha aportado la neuropsicología, el arte de las grutas representa en parte las visiones alucinatorias de los chamanes.

– *¿Y cómo puede ilustrarnos la neuropsicología moderna acerca de visiones que tienen 30.000 años?*

– Porque los fenómenos que describe son universales, conciernen a todos los seres humanos dotados de un mismo sistema nervioso en todas las épocas. Las experiencias "próximas a la muerte", que se estudian mucho, corresponden exactamente a las visiones de los chamanes. En algunos pueblos, por lo demás, la muerte es una metáfora del trance.

112

– ¡Un momento! El trance y las alucinaciones no son experiencias que se pueden recomendar a cualquiera...

– Por supuesto, pero ciertas circunstancias las favorecen. El mundo subterráneo es particularmente propicio para las alucinaciones. Desaparecen todos los puntos de referencia: el día, la noche, el sol, la luna, las estrellas, el viento, la lluvia. El entorno es mineral, sin plantas ni animales. Al cabo de algún tiempo el cansancio se suma a la perturbación de los sentidos y las alucinaciones se hacen posibles. Los espeleólogos, como los alpinistas de altura, conocen y temen estas sensaciones. Los chamanes, en cambio, las buscan.

El viaje alucinado

– ¿La gruta desempeñaría entonces un papel doble? ¿Sería a un tiempo la morada de los espíritus y el medio favorable para las alucinaciones?

– Es muy probable. Y el papel del chamán, intermediario ante el mundo sobrenatural oculto tras las paredes, por lo general no se envidia. Gasta considerable energía y regresa agotado de su viaje.

– ¿Y qué le ocurre en su periplo?

– El trance se puede desarrollar en tres etapas. Sin embargo, algunos pasan directamente a la tercera etapa y otros nunca pasan de la primera. Esto depende de los individuos, de las circunstancias...

– Tratemos de describir el modelo ideal.

– El que entra en trance se aleja de la realidad bajo el efecto de drogas alucinógenas, del sonido repetitivo de los tambores y de los cantos rítmicos, de privaciones sensoriales, ayunos, frío, dolor. Primero ve nubes de puntos, zigzags, grillas, curvas, líneas, algo semejante a lo que sucede cuando se tiene una fuerte migraña.

– Visiones exentas de sentido...

– Desde la segunda etapa, sin embargo, esos signos empiezan a organizarse. El espíritu, que los percibía de manera errática, intenta automáticamente reagruparlos en sistemas coherentes según el medio que conoce. Los zigzags pueden convertirse en serpientes de cascabel para los indios de California, y los indios tucanos de Colombia verán la Vía Láctea.

– La interpretación de los signos es, entonces, cultural. ¿Qué sucede en seguida, en la tercera etapa?

– A veces hay la impresión de pasar por un túnel que desemboca en una luz cegadora. Si se llega al final del túnel se alcanza el otro mundo. Se puede volar, planear. Los animales hablan. Uno mismo se transforma en animal.

– ¡Qué epopeya! Y al término de tal aventura, ¿el chamán es capaz todavía de compartir sus visiones del más allá?

– Una parte de él continúa humana incluso en la tercera etapa del trance y es capaz de memorizar

114

y, más tarde, de relatar. Uno recuerda mucho mejor los "sueños despiertos" que los sueños nocturnos.

Las pinturas visionarias

– *Los chamanes de la prehistoria habrían dibujado y grabado entonces sus delirios alucinatorios en las paredes de las grutas. Su arte sería la expresión directa de sus visiones.*

– Los signos inscritos en las grutas corresponden precisamente a la primera etapa del trance. Este fenómeno es constante, universal, y podría explicar la unidad del arte paleolítico durante millares de años. Las pinturas y los grabados de animales, en cambio, manifiestan más las visiones de las etapas segunda y tercera.

– *¿De la última fase en que el chamán se convierte en animal?*

– En parte. Se convierte en animal, pero sigue siendo humano. Reúne los dos mundos. En Africa se ven muchas representaciones de seres humanos marcados por pequeños caracteres animales muy discretos. Esto nos muestra que se trata de chamanes transformados. Han pasado al otro mundo y se han convertido en seres compuestos. En Niaux, un especialista en bisontes advirtió que el sexo de los bisontes estaba a veces mal situado. ¿Era un error involuntario de artistas que conocían muy bien los animales? ¿O por el contrario representaba a chamanes convertidos en bisontes? ¿O al espíritu de un bisonte, auxiliar de un chamán?

– *Las etapas del trance corresponden a los signos y representaciones animales, pero no explican los trazos digitales, los garabatos aproximativos que cubren algunas paredes.*

– De hecho hay dibujos muy mal terminados, que muy pocas veces se reproducen en los libros... Probablemente no sean factura de grandes artistas. Hay también las huellas de manos y pies desnudos de niños, a veces muy jóvenes.

– *¿Pero las cavernas no estaban reservadas únicamente para los iniciados?*

– Podemos pensar que a veces el chamán iba acompañado de enfermos por sanar o de cazadores en busca de éxito, que intentaban entrar en contacto con el mundo de los espíritus. El chamán dibuja un bisonte y sus compañeros agregan algunos trazos. Los niños quizás participan en determinadas ceremonias. La finalidad perseguida sigue siendo práctica y estas visitas son escasas. Quizás las susciten circunstancias excepcionales, una catástrofe natural, una epidemia, una epizootia...

– *Es decir una epidemia que afecta a los animales... ¿Pero el resto del tiempo? No se cree que el culto paleolítico se limite a los sucesos desastrosos.*

– En efecto. Se puede pensar que lo esencial de las ceremonias se desarrolla al exterior o en las secciones fácilmente accesibles de las grutas. Pero, por cierto, no nos queda el menor indicio.

Misa en Lascaux

– En Lascaux hay varias salas cubiertas de pinturas magníficas, salas que podrían haber recibido a veinte o treinta personas. Cuesta imaginar que las haya utilizado un solo chamán.

– La gruta de Lascaux posee un carácter monumental que no se encuentra en otros casos. Los dibujos de algunos animales están situados muy visibles y a veces miden cinco metros; en las otras grutas, en cambio, las representaciones suelen ser más pequeñas que el tamaño natural. Esto supone un trabajo de grupo, una voluntad de espectáculo y una actitud diferente a la que se advierte en obras disimuladas en rincones de difícil acceso.

– ¿Podemos pensar en ceremonias públicas?

– Probablemente. En la caverna de Niaux, el "salón negro" goza de una acústica excepcional. No es casualidad, sin duda. ¿Fue lugar de grandes ceremonias con cantos, danzas, ritos colectivos, curaciones de enfermos? En las reuniones estacionales no es imposible que un grupo viniera a contemplar las pinturas, a recogerse, a encontrar a un chamán muy famoso…

– ¿Y las huellas de pies desnudos que se han repertoriado no nos podrían aportar indicios acerca de la frecuentación de estas grutas?

– No, ya que son demasiado escasas y es casi imposible fecharlas. Sólo se las encuentra en las grutas que han tenido la suerte de no ser visitadas, cuyo

117

suelo no ha sido pisado y que, además, gozan de la ventaja de buenas condiciones de conservación. Por lo general son huellas de niños: como recordaba Leroi-Gourhan, los niños siempre han gozado moviéndose por todas partes, caminando en la arena, pataleando en el fango. Pero varios miles de años pueden separar los dibujos de las paredes de las huellas de pasos.

Tres pequeñas morcillas

– *El chamanismo aporta una explicación plausible del arte de las grutas. Estas representan la puerta de comunicación entre la realidad visible y el mundo de los espíritus, que se franquea siguiendo los desvaríos controlados del trance. Los puntos, los trazos, algunos dibujos que reproducen las visiones del chamán, los animales completados a partir de contornos naturales manifiestan fuerzas ocultas en el interior de la roca, los trazos digitales y las líneas mal hechas señalan el paso de otros visitantes, compañeros ocasionales del chamán... Todo esto es una interpretación seductora. Pero sólo es una interpretación.*

– Sin duda. Se dice que de un modo u otro todas las culturas son religiosas, incluso nuestra época laica, y aún más... Y que no hay razones para que no lo haya sido también la prehistoria del hombre moderno. Pero en ciencias humanas no hay pruebas formales, sólo hipótesis. La mejor forma de validarlas es verificar si concuerdan con un máximo de hechos establecidos científicamente y si los nuevos descubrimientos las confirman. Después de que se enunció la idea del chamanismo, he examinado grutas nuevas manteniendo esta noción en la mente y debo decir que parece por completo coherente.

– *¿Se sigue descubriendo nuevas huellas de esos extraños artistas?*

– Sí. No sólo no se ha excavado todas las cavidades visibles, sino que quedan muchas entradas invisibles, sepultadas por sedimentos, ocultas bajo desprendimientos de piedras o bajo vegetales desde hace millares de años. ¡Y no se las descubre así sin más! Y de este modo también se puede cambiar de punto de vista acerca de cosas que ya se creía conocer bien.

– *¿Por ejemplo?*

– En Tuc d'Audoubert, a unos treinta metros de diversos bisontes, al fondo mismo de la gruta, se encontraron tres morcillas de arcilla. En 1912, el abate Breuil las consideró unos falos, símbolos de la pubertad de los muchachos iniciados. El interpretaba todo en términos de magia e iniciación. Hace una decena de años, un escultor norteamericano que me acompañaba en esa gruta, exclamó: "¡Pero de ningún modo! ¡Si es un gesto de escultor! Todos hacemos lo mismo: tomamos un puñado de arcilla y la apretamos en la mano para calcular su plasticidad". Y en seguida observó unos pequeños agujeros en la arcilla, que nos tenían perplejos: "Los han hecho con la yema de los dedos", explicó. "Un escultor siempre da esos pequeños golpes en la arcilla para verificar si es maleable". ¡Era muy sencillo!

Hace falta un Champollion

– De hecho, para descifrar todo esto, nos falta una piedra de Roseta, quizás un nuevo Champollion.

– Desgraciadamente, no creo que alguna vez se pueda descifrar esos mensajes del pasado. Hace unos años visité un yacimiento indio con el *medicine man* del lugar. A la entrada había dos o tres signos verticales. Pensé que André Leroi-Gourhan habría leído allí un signo masculino en el umbral de una gruta femenina. Y que el abate Breuil habría visto un dibujo de azagayas, las armas de los cazadores.

– ¿Y qué vio usted?

– El *medicine man* me lo explicó: los signos indicaban, sencillamente, que esta gruta era accesible para los iniciados de la segunda etapa. ¡En eso estamos! Nuestros conocimientos actuales nos permiten alzar una punta del velo, pero no aclaran todo. Otra explicación llegará sin duda un día y completará, modificará o reemplazará a la nuestra…

– ¿Verdad que es imposible apostar a una explicación de la religión, aunque sea prehistórica, por medio de la ciencia?

– No se decide el valor de una religión en función de su veracidad científica. En tal caso quedaríamos por completo exentos de tradiciones espirituales. ¿Es compatible la Biblia con los recientes descubrimientos? ¡Pero por supuesto! Ella se sitúa en un registro por entero distinto. Lo mismo vale para las creencias del paleolítico.

120

Entreacto

– *Y después todo desaparece. 25.000 años de religión, la más prolongada de toda la historia humana, se desvanecen. Hacia (-) 10.000, la antigua tradición del arte rupestre se abandona poco a poco. ¿Qué sucede entonces?*

– A fines de la glaciación intervienen cambios graduales pero decisivos. El clima se recalienta, algunas especies animales se extinguen. El mamut ya ha desaparecido y, poco a poco, el reno sube hacia el norte. Otras especies empiezan a dominar: jabalíes, ciervos. Se comienza a comer caracoles. Se modifican los modos de vida, también las estructuras sociales. Y las religiones, que en general sobreviven más tiempo, terminan por transformarse o morir.

– *¿Los hombres abandonan las grutas?*

– Llueve mucho, se expanden los bosques. Las grutas, además, se tornan mucho más húmedas, se forman extensiones de agua cada vez mayores y muchas cavidades se vuelven inaccesibles. Quizás un arte sobre madera reemplaza al arte en las rocas.

– *¿Y los animales ya no representan las potencias del mundo sobrenatural?*

– En una sociedad de cazadores, el hombre es un depredador entre otros. El caballo salvaje o el león de las cavernas pueden parecer espíritus poderosos. Pero hacia (-) 10.000, y Jean Guilaine lo relata ahora, sobreviene la mayor mutación de la aventura humana: la del neolítico, al cual acompaña la ganadería.

Se domesticará primero a la oveja y después a los bovinos. Y va a resultar difícil deificar a la vaca en el establo o al cerdo en su pocilga... El cazador de la prehistoria se va a convertir en pastor. Su mundo va a cambiar. También su imaginario.

ACTO 3

La conquista del poder

En el alba de la nueva edad

Y luego un día nació la idea, se intentó el gesto deci-sivo. Detuvieron el viaje incesante, realizaron la primera cosecha, arrastraron a la humanidad en el irresistible engranaje de la civilización.

La idea que sacude el mundo

– *Es un acontecimiento decisivo el que ahora vamos a vivir. Los hombres han colonizado el planeta, gracias a su arte y a su imaginario han trascendido su condición; pero a pesar de todo siguen sujetos al entorno, sometidos a lo impre-visible de la caza y la recolección, todavía encerrados en el mundo animal ancestral. Y entonces todo cambia...*

– **Jean Guilaine:** Sí. Hasta entonces los seres humanos vivían en el antiguo mundo paleolítico que han descrito André Langaney y Jean Clottes. Cazando, pescando, recolectando, recogiendo, se comportan como predadores por cierto inteligentes –seleccionan su presa, miden los efectos de sus actos sobre sus recursos–, pero siguen siendo tributarios de la natu-raleza, de la cual eran parásitos, como los animales.

Esta larga marcha que los cazadores-recolectores realizan hace tres millones de años está llegando a su fin. Se esboza, con el neolítico, desde diez mil años antes de nuestra era, un proceso irreversible.

– *¿Neolítico significa "piedra nueva"?*

– Sí, "la nueva edad de la piedra", especialmente la piedra pulida, por oposición a paleolítico, "piedra vieja", que sólo era tallada. Pero el cambio que se produce en ese momento supera con mucho esta simple innovación técnica: es una mutación única en la historia de la humanidad, el comienzo de un modo de vida que seguirá siendo, de hecho, el nuestro hasta la revolución industrial del siglo diecinueve y quizás incluso hasta hoy.

– *¿Y cómo se manifiesta esta mutación?*

– Los seres humanos domesticarán el mundo salvaje, lo van a convertir en artificial, lo van a "humanizar". Y al hacerlo se transformarán a sí mismos, modificarán por completo sus conductas, sus hábitos, las relaciones con sus semejantes. Se constituye un verdadero engranaje: los hombres abandonan poco a poco el nomadismo, comienzan a sedentarizarse al fundar las primeras aldeas –desde (-) 12.000–, aprenden a producir por sí mismos sus alimentos al inventar la agricultura –hacia (-) 9.000– y la ganadería –hacia (-) 8.500–... fabrican instrumentos perfeccionados, crean la especialización de tareas, la división del trabajo, las jerarquías...

– *¡Es una revolución! Como si una idea se hubiera apoderado súbitamente de toda la humanidad...*

126

– Si se contempla este período con la ventaja que concede el tiempo transcurrido, se tiene la ilusión de una ruptura brutal: nuestros antepasados llevaban una misma vida de caza y recolección durante millones de años y de pronto todo se trastorna. Pero más que de una revolución se trata, de hecho, de una evolución gradual que ocurrió durante dos o tres milenios: una nueva manera de vivir eclosionó simultáneamente en algunos hogares precursores y de allí se difundió hacia regiones vecinas, imponiéndose poco a poco como fenómeno mundial.

El deseo de cambiar

– En esa época los pequeños grupos de hombres repartidos por el planeta están muy distantes unos de otros. ¿Cómo explicar que tal metamorfosis haya aparecido al mismo tiempo en lugares diferentes que, en principio, no están comunicados entre sí?, ¿habría una lógica de la evolución del hombre que lo habría impulsado hacia otra etapa de su historia?

– Hay por lo menos dos tesis sobre este tema. Para unos, la naturaleza obliga al hombre a adaptarse. En esta época termina la última glaciación. El clima se calienta, se torna más húmedo y favorece la vegetación. Europa descubre un clima temperado, las regiones meridionales se secan un tanto. En algunas regiones más áridas, los hombres se concentran en zonas favorables, cerca de los lagos, de los ríos, de los pantanos. Se puede pensar que la cercanía del agua, es decir de la vida, los incitaba a interesarse más en los animales y en las plantas y que esta simbiosis cotidiana los condujo a domesticarlos.

– *¿Y la otra tesis?*

– Es la contraria: la evolución intelectual del hombre lo habría impulsado a cambiar. Desde su mismo origen los seres humanos crean cosas artificiales. Cuando tallaban sus guijarros de manera rudimentaria y se transmitían su saber hacer, nuestros lejanos antepasados ya manejaban conceptos elaborados, inauguraban una forma de cultura que se perfeccionó en el curso del tiempo, de generación en generación...

– *Habrían hallado la noción de agricultura de modo casi natural: ¿y si nosotros mismos plantáramos los granos y viéramos qué sucede?*

– Puede parecer lógico que en algún momento determinado se hayan interesado en las plantas y pensado efectivamente en sembrarlas. Del mismo modo habrían modificado sus relaciones con los animales, pasando de una caza aleatoria, que en los tiempos más antiguos se parecería al simple uso de la carroña, a una caza activa, después selectiva y finalmente a la domesticación de los animales. La naturaleza no estaría allí para gran cosa. La evolución vendría de la voluntad humana y no de otra parte.

128

Un pequeño empujón

– ¿Y por qué no se manifestó en todas partes?

– Era preciso que el entorno se prestara a ello, que hubiera plantas susceptibles de ser cultivadas y animales que se pudiera criar, lo que no fue el caso en todas las regiones que el hombre colonizó. Había entonces trigo y cebada silvestres en el Oriente Medio, pero no en el norte de Europa, por ejemplo. También la demografía pudo haber dado un pequeño empujón.

– En esa época experimenta un crecimiento sin precedentes, según afirma André Langaney.

– Sí. Hacia (-) 10.000, la población ni siquiera supera los siete u ocho millones de personas en todo el planeta. Se multiplicará por diez en el curso de los ocho milenios siguientes como consecuencia de la revolución neolítica... Sobre el solo territorio de Francia, por ejemplo, se pasará de 50.000 a 500.000 seres humanos aproximadamente. Es posible imaginar que hacia (-) 10.000 algunos grupos, ya demasiado numerosos, se vieron obligados para sobrevivir a imaginar otro modo de subsistencia, distinto de la caza y la recolección. A menos que no sea al revés: al volverse sedentarios y aumentar sus recursos, los hombres vieron crecer velozmente sus efectivos. Es el dilema de la gallina y el huevo. Imposible decidir.

129

Los hogares de la revolución

– *Fueran cuales fueran sus motivaciones, nuestros antepasados, que en general eran nómades hacía millones de años, un día decidieron abandonar definitivamente el morral. ¿Se sabe cómo empezó esto?*

– Los primeros movimientos ocurrieron entre (-) 12.000 y (-) 10.000. En aquel momento los hombres llevan una vida paleolítica tradicional: viven en bandas, cazan mamíferos, recolectan gramíneas, pescan... Y entonces, como indican recientes trabajos de arqueología, comienzan a establecerse en algunas regiones del mundo, al borde de lagos y lagunas, cerca de la costa o al final de los estuarios, allí donde el alimento abunda más.

– *Se establecen...*

– Sin prisa... Es poco probable que se hayan dicho "mira, aquí hallaré peces todo el año, puedo contar con plantas comestibles en verano, sé que pasarán manadas en primavera... Me instalo y ya no me muevo". Comenzaron, más bien, por establecer campamentos más o menos permanentes sin por ello dejar de ser algo nómades.

– *¿Y en qué desemboca este proceso?*

– Los más antiguos testimonios de sedentarización del viejo mundo –aparte de algunos yacimientos de Europa central y oriental, de entre (-) 32.000 y (-) 22.000, que no tendrán futuro– se sitúan en Siria, Israel, Palestina e Irak. Desde ese momento el anclaje en el suelo, el establecimiento estabilizado, va a servir de marco para las mutaciones económicas que conducirán a la agricultura.

– *¿Esta no apareció inmediatamente?*

– Al principio se trataba de formas transitorias: "aldeas" de cazadores-recolectores que no practican ni la agricultura ni la ganadería. Así por ejemplo, en Mallaha, al sur del Jordán, hacia 11.000 años antes de nuestra era, una localidad presenta casas de vigas de madera y en parte está rodeada de muros de piedra. Se ha encontrado allí objetos característicos de cazadores o de pescadores, pero también instrumentos de molienda vinculados a la explotación de cereales espontáneos. Así pues, en esa época la alimentación sólo se apoya en recursos silvestres.

– *Y después se van a establecer de un modo más durable...*

– Sí. Las cosas cambian rápidamente a partir de 9.000 años antes de nuestra era. La arquitectura adquiere a veces carácter monumental. En Jericó, Palestina, hay una torre de 10 metros de diámetro por 9 metros de altitud junto a unos muros de 3 metros de ancho. Las casas, circulares, pueden tener cimientos de piedra o recurrir al ladrillo de tierra cruda, como en Jericó y Aswad, o a la tierra apisonada como en Mureybet. Entonces aparecerán, en el eje Eufrates/Jordán, las primicias de la agricultura...

– *El Oriente Medio, entonces, en este fragmento de planeta. ¿Y en otras partes?*

131

– Los descubrimientos de los botánicos han mostrado que los primeros cereales y leguminosas se domesticaron a miles de kilómetros de distancia. El trigo, la cebada, la arveja o guisante, la lenteja, las habas, en el Oriente Medio... El mijo y el arroz en Extremo Oriente, el maíz y las judías en América, el mijo y el sorgo en Africa... Todas estas innovaciones se realizan en lugares independientes entre 9.000 y 5.000 años antes de nuestra era, aunque no hay certidumbre todavía para el caso del Africa.

– *Pero hay algunas regiones que no tocó la gracia agrícola...*

– No inmediatamente. En algunos casos, los dos modos de vida, el de los cazadores-recolectores y el de los nuevos campesinos, cohabitaron un tiempo a escala del planeta. Así por ejemplo, cuando se esboza la agricultura en el Oriente Medio, Occidente continúa viviendo de la caza del ciervo, el jabalí y la cabra. Mientras en los Andes y el territorio adyacente se afirma la domesticación vegetal y animal, vastas extensiones de América del sur, desde la Amazonia a la Patagonia, ven eternizarse, y por mucho tiempo todavía, la caza, la pesca y la recolección. Pudo haber resistencia a la economía agrícola. Los ritmos de la evolución económica nunca han sido sincrónicos.

El grano del cambio

– *¿El descubrimiento de la agricultura desencadenó todo?*

132

– Hace mucho que nos preguntamos qué fue primero, la agricultura o la ganadería… Algunos pretendieron que la ganadería era continuación directa de la caza y que por ello sería anterior a la agricultura, que supone hábitos sedentarios. La arqueología ha demostrado lo contrario: primero se domesticó el vegetal, antes que el animal. Sin embargo aún se discute esta cronología. En el Oriente Medio se aceleraron, en el curso del noveno milenio antes de nuestra era, las manipulaciones que desembocaron en la domesticación definitiva del mundo vegetal y animal.

– *¿Esto sucedió por todas partes?*

– En Oriente Medio, en Asia y también en América en cualquier caso. Acerca del Africa se continúa discutiendo. Se ha descubierto pinturas rupestres de bovinos domésticos anteriores al hallazgo del mijo y del sorgo, lo que podría sugerir que en este continente la domesticación animal precedió a la vegetal. A menos que esos bovinos africanos hayan sido importados, por el Nilo, desde el Oriente Medio…

– *Entonces un día, en algunos hogares precursores, un individuo más perspicaz que los otros planta un grano y desencadena la revolución.*

– Es la imagen mítica de nuestros orígenes: un hombre –quizás una mujer por lo demás, que observa mejor los misterios de la botánica– habría hundido un día el grano milagroso de donde surgió el primer trigo… La realidad es por cierto más complicada. Se ha pasado de lo salvaje a lo doméstico de un modo más progresivo, más inconsciente.

133

– *¿Se sabe cómo?*

– Los cazadores-recolectores sin duda comenzaron por recoger cereales silvestres y los integraron a su régimen alimenticio. Y después es posible que el hombre, o la mujer, al ver que los granos se cruzaban naturalmente y se reproducían, simplemente haya querido imitar ese proceso natural. Pero sembrar no entrega sin embargo un producto doméstico. Sólo al cabo de algún tiempo, a fuerza de selecciones realizadas un poco al azar (favoreciendo determinados mutantes, replantándolos en tierras vírgenes), favorecieron los seres humanos el desarrollo de una variedad particular. Y ésta adoptó una morfología doméstica que hasta hoy se puede reconocer.

La palabra del hogar

– *Parece extraordinario que se pueda obtener informaciones tan precisas sobre el cultivo de plantas hace 10.000 años...*

– Los botánicos, desde el siglo pasado, han estudiado la distribución de las variedades silvestres en el planeta y consiguieron encontrar las zonas de origen de los principales cereales. Dedujeron que el trigo y la cebada se cultivaron por primera vez en el Oriente Medio. Más tarde, gracias a los granos hallados en los yacimientos, la arqueología, que ha progresado considerablemente después de la Segunda Guerra Mundial, confirmó las presunciones de los botánicos acerca de la geografía de la domesticación vegetal.

– ¿Y qué aportó de nuevo?

– Comprendió que no había que contentarse con analizar objetos, piedras, alfarería, como se hacía hasta entonces, sino también el polen, las semillas, los carbones de madera fósiles, los restos animales... Así no sólo se puede reconstituir el paisaje del entorno, sino toda la economía de un yacimiento. El menor detalle es un indicio.

– ¿Por ejemplo?

– Los restos de un fuego de leña nos dicen qué especies de árboles poblaban la región, los vestigios óseos o vegetales nos indican qué se comía en ese yacimiento y nos enseñan acerca de las especies animales y las plantas que se consumía... El examen de un suelo con el microscopio electrónico nos dice si estaba consagrado a la agricultura o la ganadería, el estudio químico de los sedimentos nos muestra lo que el arqueólogo no puede ver: una cavidad que se estimaba sin interés nos revela un antiguo corral de pastoreo...

La criba del pasado

– Un verdadero trabajo de detective...

– Sí. En Font-Juvénal, en Languedoc, el menú de las aves rapaces, desbrozado con las técnicas modernas, mostró cómo una encina había sido poco a poco privada de su madera: se observó la progresión de los pájaros de espacios abiertos, el ascenso de los insectívoros de un entorno asoleado, la aparición de ratones de campo... Y además, por cierto, algunos métodos de datación nos permiten fechar un vestigio casi con exactitud de un año: se puede decir que tal casa se construyó en el 2.742 antes de Cristo y que se abandonó en el 2.738.

– *¡Casi año por año! ¿Cómo lo hacen?*

– Los métodos clásicos con radiocarbono, que mencionaba Jean Clottes, nos entregan primero una fecha aproximada. Y en seguida la afinamos gracias a una disciplina en pleno auge, la "dendrocronología".

– *¡Caramba! Esto hay que explicarlo.*

– Se sabe que los círculos de la madera no tienen el mismo tamaño de un año al otro, pues éste depende del clima. Observando árboles viejos, los postes de construcciones medievales y antiguas, los investigadores han establecido un catálogo de referencia que entrega la fisonomía de los círculos interiores en determinados tipos de árbol, año tras año, siglo tras siglo. Así se ha podido retroceder con este "reloj" hasta (-) 4.000, gracias a los *pinus aristata,* los árboles más viejos del planeta, que están en California. Después, por analogía, se ha envejecido el sistema hasta 6.000 y 7.000 años antes de nuestra era. Así pues, cuando se desentierra un tronco carbonizado se puede comparar sus círculos interiores con las referencias de ese catálogo y fechar nuestro hallazgo casi con exactitud de un año. Evidentemente, necesitamos madera para esto...

LA CONQUISTA DEL PODER

La contaminación

– ¿Son los mismos métodos que permitieron comprender cómo apareció la ganadería?

– También en este caso es difícil distinguir lo salvaje de lo doméstico. Los animales suelen tener un esqueleto más robusto en estado natural. Pero es necesario que la domesticación ya se encuentre en un estado avanzado para que se pueda observar un cambio morfológico en los huesos que uno encuentra.

– ¿Y cómo se hace si no se da el caso?

– También se puede obtener alguna información estudiando el momento de la muerte del animal: mediante estudios estadísticos se conoce aproximadamente la longevidad de una especie salvaje, y se sabe en qué momento se suele matar una especie doméstica para obtener carne. La curva de las edades de una población salvaje y de una población doméstica no es idéntica. Pero los cazadores del paleolítico a veces organizaban cacerías selectivas, que mataban masivamente ovejas salvajes, lo que enreda las pistas. Por otra parte, en el Zagros, Oriente Medio, se tuvo la tendencia a envejecer el primer momento de las primeras domesticaciones de caprinos.

– Conclusión: las principales especies animales también se domesticaron en el Oriente Medio, en algunos lugares privilegiados. ¿Allí donde nació la agricultura?

– Sí. Primero las cabras y las ovejas, después bovinos y cerdos; a partir de (-) 8.000 y quizás antes. No obstante, probablemente nuestros antepasados no inventaron la ganadería sólo con una finalidad alimenticia, sino también para disponer de animales de trabajo o sencillamente para imponer su dominio sobre el mundo viviente. En cualquier caso, la ganadería y la agricultura aparecieron más o menos en los mismos hogares y lugares. Y se empezaron a difundir especialmente desde el Oriente Medio y, en cierto modo, empezaron a contaminar Europa.

El dominio de la naturaleza

Los colonos venidos de otra parte aportan los gérmenes del cambio. Por todas partes se impone la nueva cultura. Los hombres salvajes han concluido su tiempo. ¡Paso a los conquistadores, a los que saben dominar la naturaleza!

La evangelización de Europa

– *La idea nueva, de la sedentarización, de la agricultura, de la ganadería, eclosionó en ciertos lugares privilegiados. Empezando por Oriente Medio, va a contaminar Europa. Las dos primeras colonizaciones humanas, relatadas por André Langaney, ya habían venido de esa región. ¡Parece que siempre es el Oriente Medio la cuna de nuestros orígenes!*

– La cuna de *nuestros* orígenes, pero no de los orígenes de todas las civilizaciones. Occidente, con Europa y América del Norte, que es su proyección, así como de algún modo el Africa, son indiscutiblemente deudores del Oriente Medio, que nos ha dado nuestras raíces. Pero las otras regiones del mundo han efectuado por sí mismas su gran mutación.

– En todo caso, en lo que nos concierne, la "moderni-dad" nos ha venido siempre del exterior.

– Durante los últimos decenios se ha intentado minimizar este aporte de Oriente Medio. Sin embargo es un hecho. Los primeros agricultores aparecen en Europa hacia (-) 7.000 y es indudable que nuestras regiones fueron en cierto sentido "evangelizadas" por la cultura venida de Oriente Medio, que aportó conocimientos, prácticas, una economía, un nuevo marco social.

– ¿Una forma de colonización?

– No. Cada región que fue alcanzada por estas novedades las integró a su manera, con sus propias tradiciones, sus creencias, sus hábitos. Desarrolló su propia identidad. La primera Europa va a descubrir una economía importada, pero sigue siendo multi-cultural.

Autóctonos tan tranquilos...

– ¿Nada había en Europa antes de la llegada de los colonos campesinos, nada que pudiera haber desencadenado espontáneamente el mismo fenómeno?

– No se cree. No hay cereales; todos serán importados. Tampoco ganadería. Hay, por cierto, algunas especies domesticables, el uroc y el jabalí, pero los indicios de una domesticación autóctona que los conciernan son muy débiles. Y después está el perro...

– *¡El perro! ¡Ya domesticado!*

– Hacía mucho tiempo. El animal, descendiente de una raza de lobo, ya acompañaba a los cazadores del paleolítico. Sirvió sin duda de carroñero y... de alimento: se ha encontrado huellas de ellos en relieves de comidas en yacimientos de (-) 9.000. Al contrario de lo que pudiera pensarse, no habrá perros pastores antes de la Edad Media. A excepción del perro, en esa época no hay en Europa ningún animal allí domesticado.

– *También Europa está afectada por el recalentamiento del clima. Su fauna y flora se perturban...*

– Sí. En el territorio actual de Francia, desaparecieron los glaciares, el mar volvió a ganar terreno, regresó el ciclo del agua. Volvió entonces la humedad, creció la vegetación, las extensiones herbáceas se transformaron en bosques, esencialmente de encinas, bosques que ya eran muy espesos hacia (-) 7.000. Desaparecieron numerosas especies animales, adaptadas a los climas fríos –es el caso del mamut– o se exiliaron, como el reno. Otras reaparecieron con fuerza: el ciervo y el jabalí.

De isla en isla

– *¿Y los hombres, los autóctonos?*

– Viven aún como sus antepasados, como nómades, que a veces se detienen un tiempo en un campamento. Habitan chozas elementales, se resguardan bajo promontorios rocosos o a la entrada de grutas. Alguna tendencia a la sedentarización se afirma a veces, en Portugal o en Dinamarca por ejemplo... Cazan ciervos, jabalíes, bovinos salvajes, y presas más pequeñas; pescan en lagos y ríos, recogen caracoles durante los períodos de lluvia y se alimentan con plantas silvestres y quizás también, en el mediodía francés, con leguminosas silvestres.

– *Y entonces, de súbito, individuos venidos de lejos llegan a alterarles la tranquilidad.*

– Estos hombres poseen el nuevo saber hacer, han aprendido las recetas de la agricultura, aportan granos... Pero no hay que imaginar que desembarcan en masa procedentes directamente de Oriente Medio. Se necesitó de tres milenios para que la progresión de esta cultura fuera del hogar inicial hasta Europa del oeste.

– *De generación en generación...*

– Sí. Los hijos de los hijos siempre van más lejos, desde Palestina hasta el Asia Menor, del Egeo a Portugal. Otras poblaciones llegan a los Balcanes, siguen el Danubio y llegan a la desembocadura del Rin. Francia fue objeto así de dos conquistas, la primera por el sur, la segunda por el este. Dos Francias ya se esbozan, una mediterránea y la otra danubiana.

– *¿Los primeros colonos vienen por mar?*

– No temen al Mediterráneo. Desde fines de los tiempos paleolíticos los hombres saben fabricar piraguas o embarcaciones elementales. A menudo son

142

largos troncos vaciados: en los Países Bajos se descubrieron los restos de una piragua de 8.300 años, fabricada de ese modo. Quizás había también barcos construidos con ramas y pieles ligadas y cosidas, de los cuales se servían para navegar a lo largo de la costa o para aventurarse en el mar...

– *¿Hasta alta mar?*

– Hacía mucho que viajaban de isla en isla. En un yacimiento del Peloponeso se encontraron herramientas de obsidiana, roca volcánica desconocida en esa región: los yacimientos naturales se encuentran en Melos, en las Cícladas. Lo que demuestra que los hombres ya iban a las islas del Mediterráneo. En Chipre hay testimonio de su presencia hacia (-) 10.000: son pescadores, cazadores de pájaros, recolectores de moluscos.

El choque de dos mundos

– *Llega el tiempo en que esos mediterráneos, portadores de la nueva cultura, se encuentran con los autóctonos, que viven al modo antiguo.*

– Provenientes de Italia peninsular, los primeros colonos se establecen, hacia (-) 6.000, en el perímetro oeste del Mediterráneo. Conocen el cultivo del trigo y la cebada, poseen ovejas domésticas, cabras y bovinos, y se topan con gente que aún vive en el bosque de encinas cazando jabalíes y recogiendo plantas silvestres.

143

– *¿Un choque frontal, brutal?*

– ¿Quién puede saberlo? Quizás los dos universos hallaron una manera de conciliarse. Es probable que los cazadores-recolectores, seducidos por el nuevo modo de vida, lo adoptaran muy pronto. Y que, a cambio, iniciaran a los recién llegados en las potencialidades locales, que les hicieran conocer los yacimientos de sílice por ejemplo...

– *Nuestros antepasados europeos se convertirían en cierto modo...*

– No sabemos si eran más numerosos que los inmigrantes o si la situación era a la inversa. Todo depende de las regiones: algunas gozaban de una población densa y activa, como las litorales. Otras, más forestales, estaban poco pobladas. En el sur de Francia y en España, la agricultura no terminó inmediatamente con la movilidad, favorecida por la crianza de caprinos.

– *Pero los modernos terminaron por imponerse.*

– Se imponen porque su economía es finalmente más eficaz. La riqueza es para ellos la tierra, la que pueden cultivar o sobre la que se puede hacer pastar animales. Poco a poco ocupan y colonizan las regiones del interior.

El frente pionero

– *Ocurre entonces una verdadera revolución cultural. ¿Cómo se desarrolla?*

– Se puede hablar de un "frente pionero" que en pocas generaciones avanza sobre todo el territorio europeo. En el sudeste se impone un tipo de vida mediterránea hacia (-) 7.000. Se edifican ciudades y siempre se las reconstruye en los mismos lugares en el curso de los siglos. Las casas, de madera o de adobes, a veces tienen asientos de piedra.

– *Y durante ese tiempo llega otra ola de colonos, ahora por el Danubio.*

– Más allá de los Balcanes, esos pioneros se encuentran ante un medio ecológico fundamentalmente distinto. Se ven obligados entonces, en una Europa templada, a inventar una nueva cultura adaptada a ese contexto. Criarán sobre todo bovinos, más convenientes para ese medio que la oveja mediterránea. Construyen grandes granjas alargadas en forma de granero –de diez a cincuenta metros de longitud–, con paredes de madera y de adobe, techo de paja o de vegetales, y plataformas que sirven de granero. Este modelo va a ser reproducido de manera sistemática hasta la cuenca parisina. Esa ola llega a Francia un poco más tarde –hacia (-) 5.000–, cruzando el Rin. Y en todas partes el modo de vida campesino reemplaza el de cazadores-recolectores.

Al asalto del bosque

– *Pero todos esos territorios están cubiertos de espesos bosques. Hay que desbrozar…*

145

– El bosque natural comienza, en efecto, a ser agujereado por todas partes; los recién llegados desbrozan con hacha o mediante el fuego. Donde no pueden cultivar, en las zonas pedregosas, crían sus manadas. Se adaptan a la ecología de los lugares. Y transforman rápidamente el paisaje. El bosque queda manchado de claros, el fenómeno se extiende.

– *¿Esta vez se instalan por más tiempo?*

– Algunos investigadores consideran que los primeros colonos de Europa practicaban una agricultura itinerante. En las riberas del Danubio, por ejemplo, los campesinos sencillamente se instalaban en pequeños conjuntos de algunos habitáculos y desbrozaban el bosque contiguo. Pero los suelos, que por cierto no contaban con fertilizantes, se empobrecían muy pronto. Al cabo de algunos años, los campesinos se instalaban un poco más lejos y así sucesivamente… Habría de este modo una especie de frente portador de la revolución campesina que habría progresado velozmente en Europa. Es una vieja hipótesis.

– *¿Hay otras?*

– Según otros especialistas, los primerísimos agricultores se habrían quedado en los mismos lugares durante siglos. Habrían habitado valles, áreas húmedas, cercanas a ríos o a claros naturales, porque carecían de los medios para derribar el bosque o quemar de manera suficiente; se habrían contentado con una pequeña horticultura. Sólo más tarde, gracias al empleo del hacha de piedra pulida, habrían podido desbrozar el bosque con mayor intensidad y conquistar las mesetas... De momento, no se puede decidir.

La aldea, centro del mundo

– Cualquiera sea el método utilizado, es de imaginar que esos colonos frenéticos transformarían muy pronto el paisaje.

– Sí. Las primeras grandes localidades agrícolas del sur de Francia se crean en el curso del quinto milenio antes de nuestra era. En esos tiempos ya intentaban explotar, según las posibilidades, todos los nichos ecológicos: en la montaña, por ejemplo en los Alpes y los Pirineos, conducen el ganado hacia los pastos de altura. En el mediodía, la cría de caprinos será uno de los factores esenciales de la apertura del entorno y de la erosión del suelo. Sin embargo, no se abandona ni la caza ni la recolección.

– ¿Estas actividades se mantienen por placer?

– Más bien porque se necesita lo salvaje. En algunas regiones no se contentan con introducir animales domésticos: se llega a importar animales salvajes –el ciervo en Cerdeña y Córcega, el gamo en Chipre–, con el único objeto de cazarlo... El nuevo mundo no ha perdido la memoria de su pasado. Pretende conservar su parte de naturaleza. Lo salvaje se mantiene, se lo reinventa y se lo celebra.

– Ya sedentarios, sin duda los hombres no perciben el mundo del mismo modo.

147

– Anteriormente el universo de los cazadores-recolectores estaba constituido por poblaciones muy poco numerosas y dispersas. La vida se fundaba en la movilidad. Uno se desplazaba, intercambiaba, se marchaba, volvía... Ahora la aldea se convierte en el centro del mundo y muy pronto las distintas comunidades propenden a federarse, a establecer alianzas, a integrarse en una unidad superior. La estructura de las futuras sociedades ya empieza a esbozarse.

La naturaleza se humaniza

– ¿Este pequeño mundo no cesa de comunicarse?

– Así es. Los campesinos carecen de autarquía en su territorio. Desde un principio crean senderos en el bosque, arreglan los terrenos aledaños al recorrido, abren nuevos campos sin pausa, mantienen e incluso multiplican los contactos con las comunidades vecinas y con las más distantes. Los vestigios importados atestiguan estas relaciones: en Languedoc hay hachas pulidas del Piamonte, sílice del valle del Ródano, ¡obsidiana de las islas Lípari! Lo que demuestra que desde el comienzo de esta nueva edad las distintas comunidades estuvieron irrigadas por circuitos de distribución.

– ¿Y cuánto tardó este gran cambio en completarse?

– La acción del hombre fue determinante al cabo de dos o tres milenios. Los bosques meridionales dejaron paso a bosquecillos, matorrales, quizás localmente

148

a zarzas. Descansa, por cierto, pero el hombre no cesa de transformarla según las necesidades de madera o de espacios abiertos. El paisaje se modifica, retrocede el entorno salvaje, cambia el medio en todos los lugares donde los hombres se instalan. La naturaleza se humaniza.

Retrocesos momentáneos

– *¿La idea del neolítico, su modo de vida, se impone por todas partes de manera irreversible y sin que haya bolsones de resistencia?*

– Hay regresiones del frente pionero por efecto de restricciones naturales. En el Jura, por ejemplo, el bosque regresa después de las primeras huellas de sedentarización. Y después vuelve el hombre. Y otra vez el bosque gana terreno... En la montaña se observa avances del frente agrícola y después retrocesos que posiblemente se vieron influidos por sensibles variaciones climáticas: como ya no podía cultivar, el hombre se batió en retirada.

– *No puedo dejar de hacerle la gran pregunta: ¿cómo sabe todo esto?*

– Examinando una selección de diferentes estratos de sedimentos nos es posible indagar con el miscroscopio el polen emitido por las plantas, los árboles, las hierbas... Si se comprueba, por ejemplo, que en un determinado estrato que corresponde a tal período la encina representa el 95% de la materia vegetal y la hierba el 5%, y que el estrato siguiente sólo posee 20% de encinas, se puede suponer el paso del hombre en el tiempo intermedio. Si se ha desbrozado, aparecen plantas parásitas de los cultivos o plantas indicadoras de medios deforestados, y podemos encontrar más tarde el polen. Toda actividad humana deja huellas. Y en el suelo se puede leer fácilmente la aventura de nuestros antepasados.

La azada y la rueda

– El progreso de las técnicas permitió esta vasta conquista de la naturaleza. Los hombres no realizaron todos sus grandes obras con el hacha de piedra milenaria...

– Las herramientas de caza y pesca eran miniaturas en la época de las últimas civilizaciones de cazadores-recolectores: pequeñísimas puntas de formas geométricas montadas en mangos de madera o utilizadas como puntas de flecha. El arco ya había aparecido. El hacha de piedra se impone, para la deforestación, con el neolítico y la técnica del pulido. Y llegan también herramientas rudimentarias para la agricultura: el bastón curvo, para sembrar o romper los pedruscos, y sobre todo la azada para trabajar la tierra. Gracias a ella se prepara el suelo antes de sembrar y se le quitan las hierbas dañinas; siempre que la tierra sea bastante blanda, por supuesto. Muy a menudo se contentaban, incluso, con una simple limpieza y siembra superficial sobre una quema de bosque.

150

– ¿Y si la tierra no reúne las condiciones del caso?
– Se cambia de lugar y se va a cultivar más lejos. Habrá que esperar a 4.000 años antes de nuestra era para pasar a una técnica más eficaz: el arado, primer instrumento de arrastre, especie de antepasado de la carreta, permitirá trazar surcos y cubrir las semillas. Junto con la azada, será por mucho tiempo la herramienta principal de los paleoagricultores. Después, en la misma época, se inventará la rueda en Mesopotamia. Llena y maciza, o realizada mediante la sujeción de tres elementos, llegará rápidamente a Europa.

– No puedo olvidar el descubrimiento de la alfarería. ¿También es fruto de esta gran revolución intelectual?

– No. Al revés de lo que se cree, su aparición no está ligada a este período. Parece que los hombres del viejo mundo paleolítico, en Extremo Oriente, son sus primeros inventores, hacia (-) 14.000: se trata de cerámicas de fondo en punta que debían servir para guardar carne ahumada, pescado, fruta…

– ¡Por una vez el Oriente Medio no es el pionero!

– El Oriente Medio, no obstante ser el primer hogar agrícola del mundo, se iniciará más tarde en la alfarería, hacia (-) 7.000. Desde ese momento la cerámica acompañará la colonización de que hablamos, en el Mediterráneo y Europa: hay huellas de los primeros alfareros franceses hacia (-) 6.000, en el sur; nos han dejado boles, marmitas, cántaros a veces ricamente decorados.

Las buenas minas

– *¿Y el metal? No hay duda de que también revolucionará los modos de vida.*

– Las primeras manipulaciones ocurrieron hacia (-) 7.000 en Turquía, quizás hasta un poco antes en Irak e Irán. Se han encontrado, de aquella época, pequeños objetos de plomo o de cobre martillado, aplanados o perforados para hacer perlas. Después, muy rápido, los seres descubren la técnica del colado, que permite extraer el metal del mineral. De este modo se trabajará con fuentes de cobre a lo largo del bajo Danubio y en los Balcanes se explotan, hacia (-) 5.000, minas que entregan objetos pesados, como láminas de cobre en bruto que de inmediato se exportarán hacia otras regiones o se acumularán.

– *¿Hay entonces riquezas, intercambios?*

– Sí. Ya en el paleolítico se intercambiaban conchas y sílice que a veces se llevaban muy lejos. Estos intercambios se multiplican en el neolítico, pues las aglomeraciones agrícolas están irrigadas por numerosas corrientes de comunicación. Algunas comunidades, aunque establecidas en terrenos agrícolas fértiles, no disponen necesariamente de yacimientos cercanos de buenas rocas para fabricar herramientas. Deben importar entonces sus hachas pulidas o sus instrumentos de sílice.

Primicias económicas

– *Todavía no se trata de comercio. ¿Cuál es el tipo de transacción?*

– No hay moneda, no hay un valor común para fijar el peso de los intercambios. Los objetos se transmiten por redes de parentesco, de alianza, de vecindad... Estas relaciones sociales funcionan según el principio de la reciprocidad: un don implica otro don. El único beneficio es moral. Mientras más escaso, de origen más distante, más importante es el objeto. Cuando se recibe un puñal de sílice o de cobre de lejano origen, se contrae una deuda de la cual habrá que liberarse más tarde.

– *¿Había no obstante algunos individuos especializados en el intercambio, ya el esbozo de una división del trabajo?*

– Consideremos el caso del mediodía de Francia. En el quinto milenio se encuentra en el valle bajo del Ródano un sílice amarillo, de muy buena calidad, del cual se extraen, después de haberlo calentado, láminas muy regulares que servían para cuchillos. La obtención de laminillas constituye un trabajo de especialista, que no está al alcance de cualquiera. De Provenza al Causses y a los Pirineos se han hallado pequeños bloques de sílice con los cuales se fabricaban esas láminas.

153

El poder de lo inútil

– ¿Algunas personas ejercen entonces una forma de poder?

– Sin duda hay comanditarios, gente que detenta una forma de poder y lo manifiesta. Para ello hacen que forjadores fabriquen objetos de metal o que artesanos especializados les hagan objetos de piedras exóticas. Esas piezas se convierten en emblemas, en señales de privilegio, en marcas sociales.

– Estos objetos carecen de otro uso.

– Son absolutamente inútiles: son collares, tocados, a veces armas... Lo encontrado en una gruta de Mishmar, en Palestina, es del cuarto milenio y extremadamente sofisticado: coronas decoradas con animales, cetros, recipientes de cobre... Para fabricarlos se utilizó la técnica de la cera perdida: se modela la forma del objeto con cera, se lo envuelve con una capa de arcilla y por un agujero se vierte el metal fundido que ocupa el lugar de la cera. Después se quiebra la arcilla para obtener la pieza de metal...

– ¡Un verdadero trabajo de artista!

– Evidentemente. Esas operaciones se efectúan con un saber hacer excepcional y utilizan un metal muy escaso. Y todo para producir objetos que carecen de toda aplicación práctica, pero que se pueden atesorar, exponer para afirmar el poderío. Tesoros que, en la plena acepción del término, señalan el nacimiento del poder.

– *El poder nace de lo inútil, no de necesidades…*

– Se afirma mediante lo inútil. El metal, desde su descubrimiento, tiene dos funciones: práctica, pero sobre todo emblemática, y especialmente el oro, con el cual sólo se puede hacer joyas. El metal sólo se utiliza parcialmente en la vida cotidiana, pero se lo deposita en las tumbas. Lo que significa que se acepta perder lo más escaso y querido que se tenía. Se lo dedica al antepasado. El metal ya no queda en el "mercado", está en la eternidad.

– *En cierto modo, las técnicas no sólo han dominado la economía, sino todo el simbolismo que la acompaña, y las relaciones de poder consiguientes.*

– Todas esas invenciones –arado, implementos, rueda, metal– van acompañadas de intercambios continuos y de transformaciones sociales profundas. Imposible saber si las técnicas suscitaron la aparición de jerarquías o si, por el contrario, éstas, ya en germen, contribuyeron a que emergiera la innovación. ¿La economía engendró lo social? ¿O fue a la inversa? Pero está claro que en ese período ambas cosas se apoyaron. Y esta sociedad de naciente producción se va a constituir como un sistema social más y más piramidal.

El hombre domesticado

Sedentarios y campesinos, los humanos se contemplan con nuevos ojos. Nombran jefes y expertos, inventan la separación de tareas, el trabajo, la jerarquía. La civilización está en marcha. Ha terminado la edad de oro.

El animal social

– *Un extraño velo cae sobre la cabeza de los primeros sedentarios. Creen haberse liberado de la naturaleza con la invención de la ganadería y la agricultura, y hete aquí que se encuentran obligados a organizar y a reglamentar su sociedad, en suma a plegarse a la tiranía del poder.*

– El hombre es un animal social. Es probable que el poder ya haya comenzado a manifestarse antes de ese período bajo formas ocasionales. En el paleolítico, cuando las pequeñas bandas de nómades, compuestas de veinte o treinta personas, se reunían por ejemplo con ocasión de una gran cacería, hacía falta designar a un responsable. La autoridad de éste era temporal, por cierto, y terminaba cuando se dispersaban los grupos. La sociedad

156

humana era muy fluida en esos tiempos y también el poder.

– *Pero se pasa a cosas serias con los sedentarios que arraigan en un territorio. La sociedad se torna más pesada y es de imaginar que también el poder.*

– Sí. Los humanos tienen que manejar ahora comunidades más importantes; hay que dictar normas y hacerlas cumplir. ¿Acaparan el poder los más fuertes o quienes manejan mejor la palabra? ¿La comunidad lo delega a los que poseen mayor carisma? También en esto las cosas se van ordenando gradualmente. Los habitantes de las primeras chozas no son muy numerosos, algunas familias en el mejor de los casos, y pueden adoptar las grandes decisiones de manera colegiada.

De la autoridad al poder

– *¿No hay todavía jerarquías en esas primeras aldeas?*

– Las primeras sociedades sedentarias tienen pocas razones para desarrollar desigualdades profundas. Cada unidad familiar puede participar en la vida colectiva, en la buena marcha de la comunidad. La autoridad es puramente carismática. Algunas personas poseen un aura, redes de alianza más amplias que las otras, reciben dones en mayor escala. Pero esta autoridad es, parece, fluctuante. Pueden perderla, volver a las filas comunes, si agotaron sus intercambios o sus larguezas.

157

– *Y cuando la población continúa aumentando...*

– Hay que controlar las pulsiones entonces. O bien la comunidad se escinde y una parte de sus miembros emigra para fundar otra aldea; en este caso el sistema subsiste. O bien se torna necesario hallar otras formas de poder para resolver los problemas internos y los conflictos se multiplican.

– *¡Y así se inventó la jerarquía!*

– Poco a poco se llega a formas de delegación y se pasa de la autoridad al poder. Una pirámide social se va estableciendo paulatinamente... El poder puede adquirir muy pronto diversos perfiles: el gestor de lo político o de lo económico, el artesano competente, el maestro de lo espiritual y de las relaciones con lo sobrenatural... Por otra parte, el sedentario crea riquezas. Los excedentes agrícolas permiten liberar a una fracción de la población para la investigación técnica, artesanal o para las actividades de gestión. Hoy se hablaría de sectores secundario y terciario...

Los primeros jefecillos

– *¿Se puede afirmar que el poder nace de la sedentarización?*

– Sí. Se va a pasar de bandas de cazadores, que sólo tienen conductores temporales, a las primeras comunidades aldeanas y después a los liderazgos que fundan sociedades no igualitarias. De allí al Estado sólo habrá un paso, franqueado muy pronto... Esta es, por lo me-

158

nos, la visión evolucionista más habitual que se propone para este período. También se puede pensar que la noción de poder apareció antes, desde la primera aldea: la gestión de las primeras aglomeraciones, incluso reducidas, pudo necesitar desde un principio algún reparto de las tareas y de las diferencias de estatus. Desde aquel momento la sociedad se estructura más y más, los poderes no cesan de fortalecerse. Y quienes los detentan están tentados inevitablemente de confiscarlos de manera definitiva para trasmitirlos a sus herederos.

– *¿El poder hereditario se inventó entonces en el neolítico?*

– Como se sabe mortal, como saca ventajas de su posición, el que detenta el poder propende sin duda a transmitirlo a uno de sus descendientes. Y aparecen esos "clanes" que mantienen el culto a los antepasados fundadores.

– *¿Por qué este culto?*

– Especialmente porque permite justificar el poder. Si se dispone de un territorio que ha sido vivificado por el trabajo, el esfuerzo y el sufrimiento de los antepasados, es normal glorificarlos y enterrarlos en tumbas prestigiosas y dedicarles un culto. Con esto se adquiere prestigio, se asienta el poder propio. La cohesión de la aldea se funda entonces en torno del linaje de los fundadores. Los muertos sirven para mantener el poder de algunos vivos.

– *¿Y cómo se sabe todo esto?*

– Por las tumbas, precisamente: son los mejores indicadores que podemos encontrar. Nos muestran

159

que en esa época el culto de los antepasados es un fenómeno general. Al estudiar las sepulturas se puede leer las diferencias sociales, distinguir los privilegiados de la gente común, adivinar los desniveles entre los miembros de la comunidad.

Muertos desiguales

– *Si bien la muerte consolida la unidad de la aldea, también fortalece las primeras divisiones sociales...*

– Sí. Enterrar a los muertos se convierte en práctica habitual en el neolítico. La civilización neolítica europea venida del Danubio ya conoce verdaderas necrópolis.

– *¿Todo el mundo ya tenía derecho a una sepultura?*

– No, justamente. Si se evalúa la población de las aldeas, se advierte que sólo se encuentra en esas necrópolis una parte de la comunidad. Los otros miembros quizás fueron incinerados. O abandonados sin sepultar. En las tumbas están enterrados sujetos seleccionados, los mejores cazadores, los mejores tribunos, ¿quién lo sabe? No conocemos los ritos funerarios. Pero en cualquier caso revelan diferencias de tratamiento social.

– *¿Por ejemplo?*

– Se ha descubierto en tumbas a niños acompañados de muebles "costosos", lo que demuestra que el privilegio viene desde el nacimiento: un niño no tiene tiempo para imponerse en la comunidad

160

por sus cualidades físicas, intelectuales o carismáticas. En la Armórica del quinto milenio antes de nuestra era, los personajes más visibles gozan de imponentes tumbas como túmulos. Poco después los megalitos, esas gigantescas tumbas de piedra, también se inscriben en este mismo espíritu de afirmación de algún poder.

— *¿La práctica de los megalitos también se importó del Oriente Medio?*

— En algún momento se creyó que había un pueblo de dólmenes, misionero de una religión megalítica ("la gran piedra", en griego) que habría venido del Mediterráneo oriental. Es falso. El concepto de megalito no nació en el Oriente Medio. Es propio de ciertas regiones, en un momento de su evolución, y no aparece en las mismas épocas en el Cáucaso, en Malta, en Africa del Norte o en Armórica...

La moda megalítica

— *Uno piensa naturalmente en los famosos dólmenes bretones...*

— La datación con radiocarbono ha mostrado que son más antiguos que los de Israel, Jordania o Siria. Eran sepulturas colectivas con una cámara funeraria a la cual se accedía por un corredor y que en un principio estaban recubiertas por una eminencia de tierra. Hoy sólo suelen quedar las losas de piedra, enormes bloques; en cierto modo el armazón.

– ¿Ninguna relación entonces con los celtas?

– ¡No! Al contrario de las ideas recibidas en este sentido, los dólmenes son muy anteriores a la llegada de los celtas y no tienen relación alguna con la cultura celta: estas falacias fueron invento de la "celtomanía" que abundó en los siglos dieciocho y diecinueve. Los dólmenes son tumbas prehistóricas y hay más en el mediodía de Francia que en Bretaña...

– Y todo el mundo sabe que no hay que confundirlos con los menhires. ¿Cuál es verdaderamente la diferencia?

– Los menhires, esas piedras implantadas, alzadas hacia el cielo, no son vestigios de tumbas, sino de estelas, de pilares, de monumentos conmemorativos, de lugares donde se iba a consultar el oráculo. Para el caso de los alineamientos de Carnac, Bretaña, se ha hablado de sistemas con intención astronómica. Pero sólo es una hipótesis. Algunos menhires decorados de Armórica son anteriores a los dólmenes, otros son sus contemporáneos, otros, en fin, sin duda son más recientes...

– ¿Por qué eran tan voluminosos los dólmenes?

– Sin duda para manifestar un sentido de eternidad, una voluntad de inscribirse en el tiempo. Pero también manifiestan el espíritu de competencia que campeaba en la época. Son demostraciones de poderío: se marca el territorio para que sea indiscutible. De este modo, mediante las sepulturas, el paisaje se estructura y socializa.

162

La tierra y el toro

– *Los primeros aldeanos ya no tienen, sin duda, las mismas creencias que sus antepasados del paleolítico. Jean Clottes lo sugería: no se dedica un culto a animales que se lleva al establo.*

– Es probable que los pueblos que se diversificaban en las distintas partes del mundo se dieran religiones propias. Las divinidades de entonces no son intercambiables. En el Oriente Medio, por ejemplo, hay numerosas figuraciones de mujeres gordas y de bovinos, que sin duda tenían una significación religiosa.

– *¿Cuál?*

– Se puede imaginar que el toro representa un sustituto del hombre, la fuerza, la virilidad, y que la mujer simboliza la tierra, la fecundidad. Se suele notar esa dualidad: el toro se asimila a la tempestad, al cielo, que fecunda la tierra con el rayo; la mujer, como tierra y generadora, da vida a las plantas y a los seres. ¿Pero la pintura de un buey de (-) 7.000, en Anatolia, tiene la misma significación que la encontrada en las tumbas de Cerdeña y que data de (-) 4.000? Nada es menos seguro. Aquélla puede ser una fuente de vida. Esta, el espíritu de la muerte.

– *¿No hay entonces una religión común, que haya venido del Oriente Medio con la revolución neolítica?*

– Quizás hay un fondo espiritual común en los primeros campesinos de Europa... Pero cada civilización

163

ha fabricado sus propios esquemas religiosos y culturales. A principios de la civilización agraria, en Anatolia por ejemplo, apenas aparecen las aldeas ya está el santuario. En algunas aldeas se ha descubierto cráneos que evocan sacrificios.

– *¿Sacrificios humanos?*

– Es posible. En algunos yacimientos del oeste mediterráneo hasta se consumió personas: osamentas humanas y animales conocieron la misma suerte. ¿Se trataba de un canibalismo exclusivamente alimenticio? ¿O estaba ligado a un rito destinado a apropiarse de la fuerza de un enemigo o a atraer la gracia de alguna divinidad? Quizás se trata de sujetos sacrificados y su ingestión era un simple rito funerario, una forma particular de tratar el cuerpo de los difuntos.

La mujer fértil

– *La agricultura, omnipresente, también debía impregnar los cultos y las tradiciones.*

– Los cultos son esencialmente agrarios. Estas sociedades se liberan en cierto modo de la naturaleza, pero se tornan dependientes de ella de otra manera: ahora son tributarias de la lluvia, del sol... Hay períodos de enfermedad, de epidemias, y es probable que se implorara a las divinidades para que cayera agua, crecieran las plantas y hubiera posibilidad de alimentarse.

– Los dioses del momento siempre son utilitarios.

– Por lo menos en parte. Ya que el objetivo de las religiones es evadirse de lo cotidiano y de lo utilitario para pensar el mundo y las fuerzas que lo rigen. Se percibe a éste sobre todo por su aspecto cíclico: el nacimiento, la vida, la muerte de los hombres, el nacimiento, la vida y la muerte de la planta y su renovación en la primavera siguiente... las estatuillas de este período simbolizan este mundo cíclico que hay que regenerar sin pausa.

– ¿Qué representan?

– Por ejemplo hay figuraciones femeninas en posición de parto y con la cabeza del niño apareciendo entre las piernas (-7.000). Es el don de la vida. Pero como compañero masculino sólo hay cabezas de toro. También se conocen estatuillas de mujeres gordas que tienen en brazos a un pequeño personaje. ¿Se trata de un niño (signo de creación) o de un compañero masculino (símbolo de regeneración)? Este ocupa, en cualquier caso, una posición secundaria.

– Se trata entonces principalmente de personajes femeninos.

– A menudo... Las figurillas, por lo general muy redondas, ilustran el tema de la buena salud y de la fecundidad. Gran cantidad de cultos han sido simbolizados así por la mujer: es ella la que da la vida, tal como la tierra da la planta. Se la ve en el Oriente Medio, la diosa madre sólo puede hacer crecer la planta si se acopla a un compañero masculino que la fertilice. Desde esa época la agricultura

165

es un gesto sexual. En el norte de Europa, en cambio, se encuentran menos estatuillas de este estilo. Los cultos se expresaban aquí sin duda de otra manera.

– *En cualquier caso, la fecundidad parece evidentemente el símbolo dominante de este período.*

– Sí. Una estatuilla de más de 7.000 años, encontrada en un yacimiento del norte de Italia, en el valle del Adigio, me parece que simboliza toda la ideología neolítica: es una mujer de pecho amplio, de vientre cubierto de ocre color sangre, con el sexo abierto para dejar salir una planta. La mujer que de la vida vegetal, con la sangre de la regeneración... Todo el neolítico está allí. Pero también debieron existir otros conceptos religiosos. Las creencias tuvieron que modificarse en el curso de los milenios.

– *El arte, que se expresaba antes de este período sobre las rocas y en las grutas, ¿sigue también este mismo simbolismo?*

– La mayoría de las pinturas de esta época no representa escenas agrarias como uno podría esperar, sino episodios de caza. Y después, como muestra bien el yacimiento de Badisco en Italia, el arte se torna más simbólico, abstracto, con soles, volutas, cruces, espirales... Como si se estuviera pasando a una visión más intelectual, más esotérica del arte, ya incomprensible sin una iniciación elemental.

La familia provisoria

– *¿Qué sabemos acerca de la familia en esta época?, ¿se vivía en parejas en las primeras comunidades agrarias?*

– Algunos pretenden que la familia nuclear –hombre, mujer, niño– ya constituía el elemento básico de las sociedades paleolíticas más antiguas. Otros, por el contrario, creen que todo habría comenzado con una especie de promiscuidad general. Nadie puede afirmar nada con certeza. Es probable que la noción de familia fuera provisoria en el paleolítico, que fuera temporal y que el niño pudiera estar a cargo tanto del grupo como de sus padres. Pero lo que es seguro es que cristalizó con la sedentarización.

– *¿No nos puede aclarar al respecto la organización de las primeras aldeas, la disposición de las habitaciones en las casas?*

– Las casas neolíticas varían de volumen según las culturas y la época. En el sudeste de Europa algunas habitaciones son pequeñas y parecen concebidas para tres a cinco personas. ¿Pero protegían a más? Los etnólogos conocen ejemplos en que la gente vive afuera y se amontona por la noche a dormir en una caja pequeña. ¿Y las grandes habitaciones del neolítico danubiano estaban ocupadas por familias ampliadas, con los hermanos de la mujer, los primos? Es evidente, y nos lo dicen algunas esculturas, que la pareja existe. Pero la poligamia es posible igualmente. No hay que olvidar que las sociedades humanas ya están, en ese momento, muy diversificadas y que no hay un modelo universal de paternidad.

167

– La mujer-fecundidad, dice usted. El hombre-toro, siempre cazador... Eso sugiere una relación desigual entre los sexos...

– Se suele escuchar que en tiempos de los cazadores, el hombre caza y la mujer cocina. Bloqueada por los embarazos y los niños, ella traduce la tranquilidad, el sedentarismo. El hombre representa la movilidad, la acción... Son clisés. Es obvio que en tiempos sedentarios, el hombre, presionado por las exigencias agrícolas y del ganado, sólo tiene un poco de tiempo para cazar cuando la mujer se puede ocupar de los trabajos del campo. Ella está más ligada al vegetal, el hombre más al animal. Pero no hay que generalizar. Si se estudian las articulaciones y los huesos de algunos esqueletos del yacimiento de Abu Hureyra, en Siria, se puede advertir que sus "propietarios" estuvieron mucho tiempo en cuclillas, ocupados en moler granos en molinos para obtener harina. Bien. Para realizar estas tareas había tanto hombres como mujeres...

Poder masculino, poder femenino

– ¿Sabemos quiénes detentan más poder, los hombres o las mujeres?

– La sedentarización y la agricultura valorizan a las mujeres, elementos estables del sistema social. Se ha dicho que ellas ejercerían hasta una forma de matriarcado... Los antropólogos son bastante reticentes en este punto: en la mayoría de las sociedades de cazadores-recolectores que se ha podido estudiar son los hombres los que detentan el poder... Las representaciones características del neolítico presentan a la mujer como una fuente de vida, pero eso no significa que dispusiera de poder social.

– *¿Y las famosas sepulturas nada indican acerca de estas delicadas relaciones entre los dos sexos?*

– Suelen ser los hombres los que aparecen en posiciones dominantes. En el Lacio, en una tumba en hipogeo de (-) 3.000 se ha descubierto un personaje masculino instalado en majestad, con su carcaj, su plato, su bol, su puñal y, apoyada contra la pared, en cuclillas, una mujer con el cráneo destrozado. Debieron empujar a esta mujer para que acompañara a su señor al más allá... Pero sabemos de ejemplos contrarios: en Mesopotamia, las famosas tumbas de Ur, apenas más recientes, nos han entregado una "reina" en posición privilegiada y en medio de riquezas inauditas; allí se encontraron los muebles más hermosos. Reposaba entre unas decenas de personas a las que se obligó a seguirla en la muerte. Así pues, hay una evidente diversidad entre culturas y épocas.

– *La mujer fecunda, inventora de la agricultura, madre de la civilización... es un hermoso mito, ¿pero sólo un mito?*

– Las feministas de los años setenta disertaron mucho sobre el tema. Según ellas, la agricultura sería un descubrimiento femenino, y las mujeres habrían desempeñado un papel clave en la sociedad de entonces, asegurando la estabilidad de las aldeas, es decir

169

su supervivencia, mientras que la caza era asunto más aleatorio. El neolítico habría sido la edad de oro de la mujer. El hombre habría retomado el control más tarde, instaurando el patriarcado a medida que algunas técnicas, especialmente el arado, que exige fuerza, y la ganadería, actividad más masculina, se fueron desarrollando. Todo esto es especulativo.

– *¿Qué cree usted?*

– Los estudios de los antropólogos lo demuestran: aunque en algunas sociedades la filiación se hace por las mujeres, éstas casi nunca ocupan una posición dominante sistemática. Propendo a pensar que había cierto equilibrio entre los polos masculino y femenino. El poder no dependía de pertenecer a un sexo o a otro, sino más bien de familias, de linajes. ¡En todo caso, ni el feminismo ni el machismo pueden hallar una justificación en el neolítico!

Primeras masacres

– *Se imagina que al delimitar su territorio, al inventar una forma de propiedad, los hombres descubren al mismo tiempo las envidias, las avideces, las disputas, los conflictos, la guerra...*

– Aún no las guerras con soldados y ejércitos: éstas aparecerán por primera vez en Mesopotamia hacia (-) 3.000. Pero sí los conflictos para apropiarse de riquezas, de territorios, o para vengar afrentas, vejaciones. Comienzan con la sedentarización, cuando la población aumenta y se concentra. El territorio de caza está más limitado cuando se es sedentario. De allí los desacuerdos, los choques...

– *¿Quedan huellas de estos conflictos?*

– Una necrópolis situada en Jebel Sahaba, en Sudán, de (-) 11.000, contenía unos sesenta cuerpos, de los cuales veinticuatro estaban atravesados por flechas y a veces con el impacto de varios proyectiles... En Alemania, en una tumba de (-) 5.000, se encontró a 33 personas, hombres, mujeres y niños, con el cráneo destrozado por hachas de piedra... Es seguro que en el neolítico la gente empezó a golpearse seriamente. Pero, entre masacres deliberadas y sacrificios, la interpretación a menudo es incierta.

– *De todos modos no se vivía mucho en esa época.*

– La mortalidad infantil es muy elevada. Algunos antropólogos dicen que un cuarto de los niños moría al nacer y otro cuarto antes de los diez años. La esperanza de vida promedio es débil, de alrededor de treinta años. Pero se sabe que ciertas personas llegaron a los sesenta y a los setenta. Los hombres están expuestos a la falta de higiene, a la proximidad de animales, a las enfermedades: viruela, tuberculosis, brucelosis, tifus... Sufren de artrosis, enfermedad rural que se desarrolla sin duda en esa época. Tienen caries...

– *¿Se cuidan?*

– La carne no se conserva. Sólo podemos examinar los huesos. Los hombres de esa época saben

171

implantar piezas para resolver fracturas. Y también practican curiosas trepanaciones. ¿Para tratar de combatir crisis de epilepsia, cefaleas? ¿O se trata de un gesto ritual? Una cosa es segura: se trepana a menudo y el interesado sobrevive: hay huellas de cicatrizaciones en los cráneos. Incluso se ha hallado un cráneo sobre el cual se había practicado un segundo agujero *post mortem,* posiblemente por curiosidad, para intentar comprender las causas del deceso. Los "cirujanos" de esta época ya tenían espíritu científico.

Se esboza el Estado

– ¿En qué momento termina la gran metamorfosis neolítica de que estamos hablando?

– Culmina en el tercer milenio antes de nuestra era: los sumerios, en Mesopotamia, inventan la escritura; en Egipto la población se concentra en las riberas del Nilo y se unifica la primera civilización faraónica. En otras partes se anuncia la protohistoria, que los arqueólogos clasifican en períodos sucesivos: "edad del cobre" (cuarto y tercer milenio antes de nuestra era), "edad del bronce" –entre (-) 2.200 y (-) 800–... Pero estas categorías técnicas no tienen mucho sentido. En realidad, no hay rupturas. Se trata siempre de la misma historia.

– ¿Y del mismo modo de vida?

– La economía siempre se funda en la agricultura y la ganadería; pero los modos de vida están más y

más marcados por la complejidad: en el Mediterráneo oriental se construyen palacios, se edifican
fortalezas que manifiestan la existencia de comunidades más poderosas, más jerarquizadas, de actividad
sin cesar más especializada. Aparecen personas que
se despegan de la producción de alimentos, artesanos
que sólo se ocupan de trabajar el metal, la arcilla, las
rocas, las pieles... Y en la cima de la pirámide social
ya hay una autoridad superior que organiza la redis-
tribución de los bienes y resuelve los conflictos. El
esbozo del Estado.

La deseada igualdad

– *El simple hecho de instalarse, de establecerse en un
territorio, de aglutinar allí a un grupo humano, habría
bastado para hacer nacer el poder y las desigualdades.*

– Sí. Pero cabe preguntarse si no se trata, más bien,
de una vuelta a la desigualdad entre los hombres.

– *¿Por qué una vuelta?*

– Regresemos un instante al tiempo antiguo, a
los primeros hombres del paleolítico. El mundo salvaje de su entorno es profundamente desigual. Ellos se
dan normas, tabúes, se distinguen del universo animal. Todas las comparaciones etnológicas nos lo
demuestran: esas pequeñas bandas de cazadores-recolectores debían ejercer mucha solidaridad. El
cazador mata al animal, tiene el prestigio de haberlo
matado y ofrece los trozos a sus compañeros... El

173

reparto es una necesidad, una seguridad: mañana será otro el que consiga la presa. Es bueno que a su vez se pueda beneficiar entonces.

– *En un mundo no igualitario, los hombres habrían inventado entonces la igualdad antes de perderla...*

– Sí. El derecho a la igualdad es una creación humana, para oponerse a la desigualdad que reina entre los animales y que también es la tendencia natural del animal humano. Sociedades solidarias que velan por cierta satisfacción de todos, las comunidades de cazadores no podían engendrar muy grandes diferencias. Pero con las primeras aldeas y la producción galopante, la desigualdad recobró el dominio...

Nada nuevo bajo el sol

– *Domesticar la naturaleza los habría incitado a domesticar al hombre. ¿Desde este punto de vista, el neolítico sería una vuelta atrás?*

– Se lo puede temer. Imagine a los hombres de esa época: se imponen como señores del mundo viviente, domestican las plantas y los animales, consiguen vencer la naturaleza... Tengo la sensación de que este dominio les ha obnubilado, que les ha trastornado un poco la cabeza... Gustan de la competencia, se ven vencedores, conquistadores. Y están tentados de aplicar este dominio a su propia especie.

– *Pero ya no hay regreso posible. El hombre ha puesto el dedo en el engranaje...*

174

– La historia no es lineal. Siempre habrá ascensos, pero también crisis. Hacia (-)3.800, por ejemplo, cuando Mesopotamia levanta el vuelo, Chipre se hunde, sus aldeas disminuyen, su población decrece. Pero la idea misma del neolítico es irreversible. Ya nunca se dudará de la agricultura y la ganadería ni de la sedentarización que fortalece los poderes en gestación y crea riquezas.

– *En cierto modo, usted nos ha descrito la época en que el hombre triunfó sobre la naturaleza, pero perdió su libertad.*

– La primera sociedad campesina ya está muy integrada. La gente muy pronto se ha tornado dependiente una de otra. Las aldeas se han federado rápidamente en torno de pequeñas "capitales" regionales, prefiguraciones de las futuras ciudades. Estas serán muy pronto mercados, lugares de culto, de encuentro. Se resuelven las tensiones mediante alianzas, con uniones. Pero los conflictos nacen periódicamente, se instala la guerra. Finalmente el hombre ya muestra que es capaz de lo mejor y de lo peor. Desde esa época nada ha cambiado verdaderamente bajo el sol.

175

EPILOGO

¿Y ahora? ¿Cómo se ha liberado de su naturaleza el animal humano? ¿Hemos salido verdaderamente de la prehistoria? Hay interrogantes, inquietudes... ¿Sabremos continuar con nuestra bella historia?

La mezcla es la diversidad

– **Dominique Simonnet:** *Algunas decenas de milenios nos han convertido en lo que somos. Hemos hablado de la diversidad de pueblos nacidos de la prehistoria. Con la mundialización de los intercambios, ¿no vamos acaso a una uniformización, resultado de la gran mezcla?*

– **André Langaney:** No, la promiscuidad generalizada es una idea falsa. En la hora actual, los desplazamientos de larga distancia y las migraciones sólo conciernen apenas a un 10% de la población mundial. Sólo 600 millones de individuos viven en regiones de gran mestizaje, sea en grandes ciudades, sea en antiguas zonas de deportación de esclavos, en Brasil, en el océano Indico, donde las poblaciones se han encontrado a pesar de sí mismas en el curso de

177

la historia. Los otros no se desplazan y viven en su lugar, con sus conciudadanos.

– *Esta situación está cambiando...*

– Sí, con el crecimiento de las grandes ciudades. Pero las más pobladas, las de China, de Asia o de la India, crecen en un *melting pot* local y no mundial. Las ciudades que verdaderamente representan los crisoles de la mezcla de poblaciones no son mayoritarias.

– *Se suele decir que la población humana, a fuerza de mezclas, va a producir más y más individuos mestizos, café con leche en cierto modo...*

– Es otra idea falsa. La analogía engaña: se cree que la mezcla de un negro con un blanco produce un café con leche, un hermoso tinte intermedio. Esto parece verdad cuando se observa a los mestizos de primera generación, que a menudo tienen un color de piel a medio camino del de sus padres. Pero los genetistas saben muy bien que la segunda generación suele reconstituir los tipos de los abuelos y recombina por lo general caracteres que estaban disimulados en los padres.

– *¿En qué termina esto entonces?*

– Si se quiere apreciar los efectos de una mezcla a largo plazo, se puede observar a los brasileños, que en sus genes tienen una débil componente amerindia, una componente africana más fuerte y una muy fuerte europea. O a los habitantes de las islas del océano Indico, donde se deportó antaño a multitud de esclavos provenientes del Africa, de las Indias o

178

del Oriente. ¿Y qué se puede apreciar? No un tipo estándar de mestizo café con leche, sino por el contrario una gran diversidad de tipos físicos, con mezclas de características que no existían en las poblaciones de origen: cabellos rubios y crespos, ojos rasgados azules...

– *¿Entonces el mestizaje no uniformiza?*

– Al contrario. La tesis que querría que los mestizos sean intermedios, que los tipos originales desaparezcan para dar paso a una cosa uniforme, es errónea. No se mezcla dos genes, no se puede hacer un promedio. Los genes no se diluyen unos en otros. Se asocian de manera distinta en cada generación, en combinaciones siempre originales. La mezcla aumenta la diversidad de seres humanos. No la reduce.

Lenguas en vía de desaparición

– *Una buena noticia entonces: la diversidad de seres humanos subsiste y quizás incluso aumenta. ¿Y qué ocurre con esa otra invención humana de que hemos hablado, la diversidad de nuestros lenguajes?*

– Se trata de una mala noticia esta vez. La situación de las lenguas en el mundo es dramática. Asistimos actualmente a una extinción acelerada de muchas. Es probable que numerosas lenguas se hayan perdido en distintas etapas de nuestra historia. La cultura de los colonizadores a menudo ha aplastado a la de los colonizados, hasta el punto de hacerla desaparecer algunas veces. Pero hoy estamos perdiendo más que nunca.

– *¿A causa de la globalización?*

– Por cierto. En el neolítico cada aldea tendía a tener su propio dialecto, un habla para quinientas personas. Hoy los medios de comunicación han cambiado todo. La televisión ha laminado los lenguajes locales y las grandes variaciones entre el norte y el sur se han estancado. Aunque en un rincón de Senegal oriental o en otra parte 2.000 personas conserven su dialecto, sufrirán rápidamente la suerte del bretón o del vasco, que se conservan como ornamentos culturales pero que ya no son lenguas vehiculares. Este fenómeno es general en todos las regiones del mundo, en beneficio de las pocas lenguas que permiten viajar, instruirse y vivir bien en el mundo actual.

– *¿Cómo ve lo que sigue?*

– Las lenguas menos habladas van a extinguirse. Algunos lingüistas estiman incluso que dentro de veinte años el 95% de las lenguas actuales habrá desaparecido… Quizás sea exagerar un poco. Pero es seguro que el poderse comunicar con el máximo de personas se convierte en fundamental en todo el planeta y que por eso el inglés, el chino, el ruso, el árabe y algunas lenguas vehiculares indias y africanas van a entrar en competencia.

Primero los derechos del hombre

– *Comprobamos entonces que está amenazada nuestra diversidad cultural, pero no nuestra diversidad biológica.*

– Mientras no se elimine pueblos masivamente, nuestros genes están seguros. Pero hay una tendencia a la uniformización de los modos de vida y por lo tanto de las culturas del planeta. Creo, no obstante, que éstas poseen una capacidad insospechada de resistencia. Al cabo, tenemos el poder de conservar esa diversidad. Si queremos...

– *¿Pero queremos?*

– Es evidente que los científicos miran con muy malos ojos la pérdida de la diversidad cultural. Los etnólogos ven que su "material" humano se les escurre entre los dedos... ¿Pero quién desearía que, con el pretexto de conservar su cultura, ciertas poblaciones continúen viviendo sin asistencia médica, sin acceso a las técnicas modernas, que siguieran viviendo como nuestros antepasados de hace 5.000 años o como los aborígenes australianos hace apenas medio siglo? Nadie puede desear algo así. Ha pasado el tiempo en que se proyectó que cierta gente viviera en reservas. Ya nadie quiere vivir en la edad de piedra. Cada vez que los seres humanos tienen la oportunidad de elegir con conocimiento de causa eligen vivir en la modernidad. Y la modernidad implica forzosamente una pérdida de diversidad cultural.

– *¿Esto de llorar por la diversidad perdida es un lujo de Occidente?*

181

– Sí. No hay que establecer una especie de religión de la diversidad humana, en la cual se ensalzaría todo lo diferente, exótico o un poco singular. Hay comportamientos que se puede calificar de inhumanos en todas las culturas del planeta y contra ellos hay que luchar. No se puede aceptar, en nombre de la cultura de la diferencia, que se ampute las manos a los ladrones o que se someta a los niños a mutilaciones sexuales... Nada justifica el desprecio del otro. Pero tampoco nada nos obliga a respetar lo que en sus actos nos parezca inhumano. En cierto modo, hoy buscamos una compatibilidad entre las distintas culturas, vamos hacia una cultura común, con sus reglas y sus leyes, apoyados en las organizaciones internacionales. Los derechos de los seres humanos sólo tienen sentido si son universales. ¡Y tanto peor para la diversidad!

Ideas prehistóricas

– ¿El investigador tiene un deber moral ante estos asuntos?

– Los que detentan el saber científico o que lo transmiten tienen una responsabilidad ante la sociedad. Cuando algunas personas advierten, por razones ideológicas, la idea mentirosa de que Francia se despuebla, debemos aullar a los mentirosos. Cuando el partido de extrema derecha pretende que hay razas y que ellas no tienen las mismas capacidades ni las mismas aptitudes, debemos afirmar que eso es contrario a los conocimientos científicos.

– *Ese partido, desgraciadamente, no es lo único que aún mantiene esos prejuicios.*

– No. El FBI norteamericano intenta todavía hoy encontrar marcas genéticas que determinen la pertenencia racial, "étnica", de una persona. También en Francia: los especialistas de la policía científica me pidieron una vez que buscara técnicas genéticas para identificar a los individuos de origen magrebí, lo que es absurdo: el Mediterráneo no ha sido un obstáculo entre Africa y Europa, sino un vínculo; hace 8.000 años que por allí navegan poblaciones de ambos continentes, y están increíblemente mezcladas... Las técnicas hacen progresos fabulosos. ¡Pero las ideas siguen siendo a veces muy primitivas!

– *La palabra "raza", aunque sin fundamento científico, continúa anclada en el lenguaje corriente.*

– Sí. Y los investigadores no cambiarán nada. Con esa palabra se confunden modos de vestirse, de tocarse, comportamientos, gestos. Nadie, por cierto, puede pretender que un esquimal se parece a un pigmeo. Físicamente son por completo distintos. Pero todavía se tiene dificultades para aceptar que no hay fronteras en materia de características físicas y que el aspecto de los seres humanos no permite encerrarlos en categorías raciales o genéticas. Tengo un amigo tunecino, musulmán, que habla árabe. Si se lo ve en la calle, se cree que es irlandés: es pelirrojo, muy blanco de piel y con matices rosados. Es inmunólogo y ha efectuado algunos test sobre sí mismo y ha descubierto que posee, por partida doble, un gen que sólo se cree existe en Africa negra... Así pues, se trata de un señor que

183

tiene aspecto nórdico, cuya sangre podría indicar que es negro, y resulta ser tunecino. Y es muy buen inmunólogo...

– *Moraleja: no se fíe de las apariencias. Pero no siempre se puede recurrir a la ciencia...*

– En efecto. Pero también somos ciudadanos. Vivimos en una nación fundada en principios. Nuestra constitución afirma claramente que en nuestra sociedad nada debe hacerse en función de la pertenencia racial, religiosa, étnica, cultural, etc. Definir umbrales para aceptar extranjeros, pretender el establecimiento de criterios de pertenencia racial, todo esto es inaceptable. Combatir esas actitudes depende de la responsabilidad de cada cual.

¿Dijo progreso?

– *Cuando se contempla la agitación del animal humano en este fin de milenio, se puede pensar que aún no hemos salido verdaderamente de la prehistoria. ¿Qué queda de esta asombrosa historia del hombre? Mire con perspectiva, ¿le parece que todavía progrese?*

– Hoy, gracias a nuestras técnicas, nuestra capacidad de transmitir nuestra cultura ha aumentado de modo prodigioso. Si se habla de progreso, se ve en ello una intención, hay un juicio de valor. ¿Pero qué significa exactamente "progreso"? Si razonamos en términos de genética, las algas y las mariposas han desarrollado más ADN que nosotros. Si se trata de la masa conseguida por una especie, entonces los gusanos de tierra han tenido más éxito que los humanos.

– *Hablemos entonces de la capacidad de apartarse de la naturaleza y de transformarla...*

– Es posible que en ciertas épocas otras especies hayan transformado la naturaleza más de lo que lo han hecho los humanos. Las primeras plantas cambiaron la composición de la atmósfera, introduciendo oxígeno, lo que disparó el desarrollo de la vida. Por cierto, hoy hacemos mucho, en la hora actual, saqueando el planeta... La especificidad humana no es sólo lenguaje de doble articulación y la facultad de diversificarse como hemos dicho, sino también la capacidad de proyectar, de anticipar. El proyecto ya no es una respuesta a exigencias biológicas ni a las necesidades del entorno. Es la opción por romper con el estado natural y vivir de otro manera. Controlar, decidir, inventar la sociedad. Pero todavía hace falta que esa elección pueda durar y resulte accesible para el conjunto de los habitantes de este planeta, y está lejos de ser el caso.

– *¿Cree que eso podrá suceder algún día?*

– Tengo un temperamento pragmático. Por una parte se comprueba que, al margen de sus orígenes políticos, culturales y biológicos, los seres humanos tienen todo lo necesario para comunicarse entre ellos, compartir los recursos, los saberes, los conocimientos. Pero por otra parte se sabe que fragmentos completos de continentes han sido destruidos, despoblados o aniquilados por nuestros semejantes y que la

185

facultad humana más desarrollada en todas las sociedades, en todas las culturas, sigue siendo de todos
modos la voluntad de atacar al vecino y quitarle lo
que posee. Las zonas prósperas sin embargo suelen
ser las que han conocido una paz más durable. Más
vale comprender las razones por las cuales los humanos tratan con más frecuencia de combatirse que de
cooperar, y remediar este punto: éste es un proyecto
entusiasmante para el nuevo milenio.

*   *   *   *

El patrimonio de lo imaginario

– **Dominique Simonnet:** *El proyecto humano fue romper con la naturaleza, como dice André Langaney, pero
también trascenderla mediante el imaginario, el arte, la religión... ¿Esta primera cultura ancestral tiene ecos aún en
nuestros días?*

– **Jean Clottes:** Por supuesto. Aún estamos unidos a nuestros antepasados por nuestro cerebro, por
nuestros comportamientos, por la extrema variedad
de nuestras actitudes ante el entorno: la diversidad
en la unidad es efectivamente lo que caracteriza a la
especie humana. También estamos unidos con ellos
por el imaginario... ¡Se habrá advertido que el arte
rupestre, esa práctica que consiste en pintar y gra-
bar sobre las paredes de las cavernas o con mayor
frecuencia al aire libre, es la única manifestación
cultural de la humanidad que ha persistido durante

varias decenas de milenios, sin interrupción, en los cinco continentes! Hay pinturas y grabados en las rocas de Escandinavia, de Siberia, de Africa... Por todas partes.

– *Pero ya hace mucho que no se desciende al fondo de las cavernas para dialogar con los espíritus del lugar.*

– Se ha informado de algunas tradiciones comparables entre los mayas, que también pintaron en grutas profundas. En la República Dominicana hay gente que se ha representado en el fondo de cavernas mientras fuma una planta alucinógena... Pero, salvo algunos casos, la práctica del viaje iniciático al fondo de una gruta ha sido, en efecto, característica de la prehistoria y sigue siendo excepcional en la historia humana. En cambio el arte sobre las paredes se ha practicado en todos los tiempos.

– *¿Con qué objeto?*

– Para transcribir los mitos de los orígenes, expresar creencias o sencillamente contar historias. En América del norte, en Oregón y en el estado de Washington, pinturas rupestres indias sitúan en escena a una diosa de la muerte que evoca las epidemias del siglo dieciocho que llevaron los blancos. En los grabados de un valle italiano se puede apreciar la sucesión de todas las épocas, desde el neolítico hasta la Edad Media: guerreros con escudos, espadas, lanzas, inscripciones romanas, iglesias medievales dibujadas con cruces...

El racismo cultural

– ¿Hasta qué época pintaron así los artistas en las rocas?

– Hasta fines del siglo diecinueve en Africa y en América e incluso más recientemente en Australia, donde pueda haber, aquí y allá, tradiciones que se perpetúan. En algunas regiones se conservan todavía costumbres religiosas ancestrales porque los modos de vida no han cambiado mucho. Pero cuando muere el último iniciado de la tribu, el arte se extingue. Pues sólo se transmite por tradición oral. Desde hace poco, entonces, el arte rupestre se ha convertido casi en todas partes en un arte fósil.

– Este arte de las rocas sería como un gran libro abierto, de páginas dispersas por el planeta, donde se podría encontrar fragmentos de historia, fragmentos de la memoria ancestral...

– Constituye el más extraordinario museo del mundo, un patrimonio de la humanidad que posee evidentemente un valor universal. Pero el drama es que a excepción de algunos lugares no está protegido. En los momentos mismos en que se reconoce su importancia, su destrucción nunca ha sido tan rápida ni tan amplia.

– ¿Y qué lo amenaza tanto?

– En sus refugios o al aire libre está sometido a agresiones de todo tipo. Las de la naturaleza, por cierto: se degrada velozmente bajo los efectos del sol, el frío, los escurrimientos de agua... Pero también la

188

de los hombres: en el norte de Europa, las lluvias ácidas, provocadas por la contaminación industrial, amenazan los grabados de Escandinavia. Por todas partes el vandalismo hace desaparecer yacimientos completos: en algunos países hasta se cortan las rocas con grabados para venderlas. Y, por supuesto, la industrialización y la urbanización lo destruyen en todos los continentes.

– *¿A pesar del entusiasmo que se manifiesta en todas partes por nuestros orígenes?*

– En los Estados Unidos se hace muy poco por proteger los yacimientos de arte rupestre y los hay por millares: se han destruido frescos excepcionales para construir corrales o represas. ¡Muchos, en el lejano oeste, están acribillados de balas! Miles de obras preciosas se han sumergido también en represas de numerosos países, en China, Rusia, Portugal (en el valle del Tajo)... Dentro de menos de cincuenta años, si no se reacciona antes, gran parte de la cultura común de la humanidad habrá desaparecido para siempre...

– *¿Y cómo reaccionar?*

– Habría que alcanzar una toma de conciencia internacional para que en cada país se pudiera hacer el inventario de las obras, estudiarlas, establecer el patrimonio... La gente se moviliza para que un Van Gogh no se vaya al extranjero. ¿Por qué no se va a mover para salvaguardar los preciosos dibujos de las paredes?

– *¿Cómo se explica usted esta indiferencia cuando se despliega por ejemplo un gran esfuerzo para conservar el arte egipcio?*

– A los occidentales les interesa mucho menos todo lo que no pertenece directamente a su cultura, como el arte africano, el arte indio. Los norteamericanos, por ejemplo, sólo son sensibles, en general, a lo que proviene de Europa, donde están sus raíces. En cierto modo, todos manifestamos una especie de racismo cultural.

Las grutas también mueren

– *Las famosas grutas, florones del arte prehistórico, ¿también están amenazadas?*

– Las grutas son mortales como la tierra es mortal. Sobre todo desde que se las descubre. Para salvaguardarlas hay que proteger los yacimientos, pues son un medio frágil. Un incendio sobre el yacimiento de Pech-Merle (en Lot) sería una catástrofe mayor, pues al momento de las grandes lluvias las aguas ya no serían retenidas y entrarían masivamente en la gruta. Hay que velar no sólo por la cavidad misma, sino también por el entorno aledaño.

– *En realidad nadie se ha preocupado hasta ese punto...*

– Es verdad. Antaño, al explorar las cavernas, no era raro hallar sílice o puntas de flecha. Se las guardaba como recuerdo... En 1925, para explorar una nueva galería cerrada por un lago en las cavernas de

190

Niaux, el abate Breuil hizo saltar con explosivos placas de estalagmitas para que el agua escurriera. ¡Dinamita en un lugar ya identificado! Las grutas son eternas, se pensaba, porque ya se han conservado 15.000 años...

– *En la década de 1950, la de Lascaux estuvo a punto de morir, devastada por los turistas y la contaminación...*

– Un día se descubrió que algunas gotas de agua sobre unas estalagmitas estaban manchadas. La pintura se estaba saliendo. Las olas de visitantes cambiaron completamente el entorno subterráneo, las temperaturas se elevaron, se formaban velos sobre las pinturas, había algas parásitas... Por ello se construyó una reproducción de la gruta para los turistas y se cerró al público la verdadera.

– *Hoy ya no se cometen las mismas tonterías.*

– Mucho menos. Los espeleólogos buscan hoy más que nunca, pero están formados para proteger los yacimientos. Los investigadores también. Ya no se abre así sin más una cantera o un túnel en una gruta, antes se hace una excavación preventiva. Por todas partes se intenta aplicar la divisa de los médicos: *Primum non nocere:* "en primer lugar, no molestar". Una cantidad creciente de personas comprende que lo esencial es transmitir este patrimonio a las generaciones futuras.

– *¿Sobreviven todavía, aparte del arte rupestre, algunas tradiciones de nuestros primeros antepasados?*

– En el siglo pasado aún quedaban algunos islotes de cultura tradicional. Regiones como Nueva

191

Guinea todavía estaban ocupadas por poblaciones que jamás habían tenido contacto con los blancos. Pero eso terminó. Nuestra época ha presenciado el final de las tierras vírgenes. Ya no se encontrará una nueva humanidad. Ni pueblos que hayan conservado su modo de vida desde la noche de los tiempos. Los jóvenes se apartan de la tribu para vivir en las ciudades, a menudo constituyen desgraciadamente un subproletariado afectado por la droga y el alcohol. Y sus tradiciones desaparecen.

El fin del arte viviente

– *¿No más culturas tradicionales?*

– Las culturas evolucionan y se transforman rápido con el contacto con los occidentales. Hay todavía culturas tradicionales, que persisten y se apegan a lo suyo e intentan conservar sus modos de vida; en las Américas, en Asia, en Africa o en Australia. Además, aquí y allá, hay esfuerzos a veces por revivir tradiciones ancestrales desaparecidas con el apoyo de etnólogos y de arqueólogos. Por otra parte, los movimientos *New Age* intentan celebrar cultos antiguos... Pero estos últimos me parecen menos serios.

– *¿No los aprueba?*

– Cuando hay culturas que han perdurado a lo largo de toda la historia, es normal que se las quiera conservar. Pero si están extintas, ¿hace falta reactivarlas de manera artificial? El arte y lo sagrado siempre

192

han estado profundamente anclados en la vida cotidiana. No se los puede separar de ella. En Australia ha
sucedido que algunas personas, alentadas por arqueólogos, pinten sobre pinturas de miles de años de
antigüedad. Y esto en nombre de su independencia.
¡Qué se diría si las autoridades católicas recubrieran
los techos de la Capilla Sixtina con nuevos frescos so
pretexto de que eso pertenece a su cultura!

La lección de los antepasados

– *Usted pasa gran parte de su tiempo en el silencio de
las grutas, sumergido en el imaginario de nuestros antepasados. Se supone que eso le impulsa a meditar. ¿Estima con
la misma severidad de André Langaney el "progreso" de la
humanidad?*

– Siempre propendemos a creer que la humanidad progresa constantemente. Pero esta noción es
una herencia del Siglo de las Luces y necesita de una
matización. Si uno se interesa en nuestra comprensión científica del mundo, sin duda que hay un
progreso innegable. ¿Pero hemos avanzado en nuestros valores y conducta moral? ¿Hemos mejorado
nuestro modo de manejar la naturaleza?

– *¿Cuál es su convicción?*

– En los últimos decenios hemos maltratado el
planeta y puesto en peligro lo esencial: la supervivencia de la especie humana. Queremos dominar la
naturaleza, pero la aplastamos... Llego a pensar que

la filosofía de los indios de América, de los bosquimanos del sur de Africa o de los aborígenes australianos
era a veces superior a la nuestra...

– *¿En qué?*

– Cuando los primeros colonos europeos llegaron a Australia, preguntaron a los aborígenes: "¿A
quién pertenece esta tierra?". Estos se quedaron sin
respuesta. Ese concepto les resultaba ajeno: la tierra
no tenía propietario según ellos. En aquella cultura
los hombres pertenecen a la tierra, son parte inte-
grante de ella, como los animales, como los árboles.
Ni más ni menos. Es un concepto magnífico, de gran
valor ético y estético. Mucho más hermoso, en todo
caso, que el de propiedad individual que impregna
nuestra conducta. Ganaríamos, creo, estudiando estas culturas tradicionales y extrayendo lecciones de la
memoria de nuestros antepasados.

* * * *

La historia, no la prehistoria

– **Dominique Simonnet:** *La gran mutación que ocurrió hacia (-) 10.000, y que usted ha relatado, trastornó la
historia humana. Pero si se contempla el mundo de hoy,
después de escuchar a André Langaney y a Jean Clottes, no
parece que haya terminado.*

– **Jean Guilaine:** El hombre existe hace tres millones de años. ¡Y vivió como cazador recolector

194

durante 2.990.000 años! La mutación del neolítico ha durado, entonces, menos de diez mil años, apenas unos millonésimos de nuestra historia... ¡Nada, a escala de la aventura humana! Este período fundamental es muy reciente. Forma parte de nuestra actualidad. Y yo creo que lo que hemos descrito en estas páginas no se afinca en la prehistoria, sino exactamente en la historia. La nuestra.

– *¿Nada de prehistoria?*

– No. Por cierto, la historia, según los especialistas, sólo comienza con la escritura y todo lo anterior es "pre-historia". Esta distinción ya no me parece pertinente. La escritura sólo es un revelador, sólo deja testimonios acerca de las competencias humanas. Pero éstas existían mucho antes. La gran mutación humana ocurre, lo hemos visto, con la sedentarización, hacia (-) 10.000, lo que desencadenó los engranajes de la sociedad compleja, de la civilización, del poder, de todas las cosas que definen el marco de la vida de hoy.

– *¿Y nuestra identidad no difiere en nada de la de nuestros antepasados?*

– Siempre se ha propendido a minimizar su influencia. Todavía hace poco tiempo se decía que los artesanos especializados habían aparecido en la edad del bronce. Es falso: los cazadores recolectores del paleolítico que tallaban el sílice ya eran artesanos experimentados. Se ha dicho que los templos sólo se edificaron tardíamente. Es falso: los primeros santuarios existen con las primeras aldeas... De hecho, hoy

195

estamos cayendo en la cuenta de que todo cuanto configura la identidad de la humanidad estaba en su lugar desde hace mucho tiempo.

¡Ellos somos nosotros!

– *¿Acaso subestimamos a nuestros antepasados para valorarnos más nosotros mismos?*

– Quizás... En cualquier caso, a medida que uno estudia su vida, se les descubre tan inteligentes, inventivos, incluso ambiguos, como nosotros. En el paleolítico ya se conocía el ciclo de las estaciones, se guían por las fases de la luna; se preveía que los frutos madurarían en tal momento, que los renos aparecerían en tal otro... Se comprendían los ciclos de la vida, se poseía una memoria del tiempo, se anticipaba, se pensaba el mundo... Y los primeros sedentarios, que aprovecharon todo eso y que, además, multiplicaron las innovaciones, no tenían un espíritu muy distinto del nuestro.

– *Seguiríamos estando en el neolítico, en suma.*

– Sí. ¡Ellos somos nosotros! Nuestros antepasados hicieron lo mejor que pudieron con los medios técnicos de que disponían. Pero el modo como se percibían, sus relaciones con la naturaleza y sus vínculos con sus semejantes están muy cerca de nuestros comportamientos. No veo casi diferencias. Los vestigios arqueológicos atestiguan en este sentido. Las joyas, los atuendos, las armas, las conductas de

196

seducción, de poder, el gusto de aparentar... ¡Nada
ha cambiado!

– *En cualquier caso, no vivimos como ellos...*

– Se vivía como ellos no hace tanto. ¿Qué distingue la vida en las grandes granjas danubianas hacia
5.000 años antes de nuestra era de la vida en las granjas francesas del Antiguo Régimen? La carreta, los
molinos, algunas técnicas suplementarias... Es todo.
Lo esencial de la revolución neolítica ha perdurado
hasta la revolución industrial del siglo diecinueve. El
neolítico es la fuente de nuestra historia, el momento
en que el mundo empezó a tornarse artificial.

Sed de lo salvaje

– *En ese nivel la misión está cumplida: el planeta
conquistado por entero, el mundo salvaje circunscrito, la
naturaleza sometida...*

– Ahora ya no hay entorno natural. Todos los
territorios han sido "humanizados" en Occidente, a
excepción, quizás de algunas cimas muy elevadas. El
hombre ha pasado por todas partes. Ha modificado
todo. Contemple un bosque del mediodía de Francia,
por ejemplo. Antaño estaba compuesto de encinas
pubescentes. En el neolítico el hombre la quemó para
crear un campo y después se marchó. El bosque volvió a crecer, pero la competencia entre especies volvió
a favorecer a las verdes encinas, que ganaron terreno.
Después regresó el hombre, provocando nuevas trans-

formaciones en un paisaje cada vez más socializado. Lo que hoy vemos nada tiene de natural. No siempre se lo sabe, pero nuestra decoración es enteramente artificial. Por todas partes la cultura ha reemplazado a la naturaleza.

– *Y sin embargo se continúa cazando, se tiene sed de naturaleza... ¿Siempre necesitaremos lo salvaje?*

– En un rincón de la cabeza hemos guardado el gusto por el paraíso perdido, la necesidad de la madre naturaleza original. Estamos domesticados, artificializados, pero siempre cultivamos en nosotros esa parte de salvaje. Ya lo hemos relatado: los primeros campesinos, que acababan de descubrir las ventajas de la ganadería, de todos modos sintieron el deseo de importar especies animales salvajes para cazarlas y poder conservar algo del mito original.

– *Los cazadores de hoy, que crían jabalíes y faisanes antes de soltarlos, hacen exactamente lo mismo.*

– Nuestra cultura continúa impregnada por los mitos del bosque y por nuestra voluntad de mostrar nuestra superioridad. Entonces, de tiempo en tiempo, también recreamos un poco del salvaje para mostrar que somos capaces de dominarlo. Matando la bestia en fuga se dramatiza la victoria del hombre sobre la naturaleza, se la reafirma... Hace 10.000 años que no cesamos de reafirmar así esta conquista, repitiendo simbólicamente la revolución neolítica. El hombre quiere demostrar que es el único que manda a bordo.

La mentalidad neolítica

– El hombre, en sentido restringido. Porque no es seguro que la parte femenina de la humanidad experimente el deseo de hacer la misma demostración. Esta disyunción también parece venir de la noche de los tiempos. ¿El género masculino habría conservado entonces la mentalidad del neolítico?

– Sí, la del vencedor, del conquistador. Hemos vencido a la naturaleza, sometido la materia... Seguimos creyendo que nada se nos puede resistir. Y experimentamos esa misma sensación de poder respecto de nuestra propia especie. Poder sobre la naturaleza, poder sobre las cosas, poder sobre los demás hombres.

– Usted conoce la historia: para atravesar un río, el escorpión pide al zorro que le lleve sobre el lomo: "No te picaré", promete, "pues en ese caso yo moriría contigo". Convencido, el zorro acepta. Llegado al medio de las aguas, el escorpión lo pica mortalmente. "¿Por qué has hecho esto?", pregunta el zorro, agónico. "Lo siento mucho", responde el escorpión, "pero pertenece a mi naturaleza...". El poder, la competencia, ¿están en nuestra naturaleza de hombres?

– Creo que sí. El espíritu de competencia y la voluntad de afirmar superioridad sobre el vecino me parecen profundamente anclados en la naturaleza humana.

– Si se extrae la lección de esta historia, no hay modo de no decirse que el hombre, cuando plantó el primer grano, quizás no se hizo un regalo...

– Al recolectar su trigo en lugar de recoger tres bellotas y dos manzanas, el hombre pudo hacer reservas, alimentar más bocas, hacer que su familia creciera... Pero cayó en la trampa. Porque al mismo tiempo debió ocuparse de los campos y de los animales, desbrozar, arrancar los troncos con pequeñas hachas pulidas, arar la tierra, plantar, cosechar...

– *En una palabra, trabajar.*

– Sí, el hombre generalizó el trabajo, capitalizó, creó riquezas, excedentes. Pero al mismo tiempo se dio una sociedad piramidal, acentuó las restricciones. La esperanza que representaba la revolución agraria y urbana del neolítico se volvió, en parte, contra él. El hombre se convirtió en esclavo de lo que creó. Es el vencedor, pero al mismo tiempo la víctima.

Progreso o decadencia

– *La gran revolución, la nueva edad de que hablamos, provocó entonces el advenimiento de la obligación, el comienzo de nuestra desgracia...*

– Todo depende de la visión que concibamos de la evolución humana. Para el paleontólogo Marshall Sahlins, el paleolítico era la edad de la abundancia. Nuestros antepasados cazadores sólo consagraban algunas horas diarias a la caza, adquirían alimento fácilmente porque no eran numerosos. Es el mito del paraíso terrestre, que ha quedado en todas las religiones. Y después viene el neolítico, el comienzo de una prolongada decadencia. Este período simboliza la caída, la falta, la salida del Edén: "trabajarás, ganarás el pan con el sudor de tu frente...". Y a la espera de un salvador que vendrá a restablecer la felicidad de los orígenes.

– *Hay otros que ven la historia humana más bien como una evolución constante, como liberación progresiva del hombre.*

– Son las teorías del progreso, elaboradas en el Siglo de las Luces y en el siglo diecinueve. El hombre se libera de la naturaleza y sigue un camino luminoso hacia una comodidad y una dicha siempre mayores... Las dos concepciones, la de la decadencia y la del progreso, dependen mucho de las ideas religiosas y filosóficas subyacentes en ellas.

– *Y de la situación económica en que se vive.*

– Sí. El que hoy se beneficia con las ventajas del mundo moderno y habita en un entorno confortable evidentemente cree que sus condiciones de vida han progresado mucho desde la época de sus abuelos. ¿Pero el que está sin trabajo, el que conoce la precariedad, las dificultades cotidianas? Tiene derecho a añorar el tiempo de sus abuelos. La evolución humana es una noción subjetiva. No se puede extraer de ella una apreciación general y no se considera del mismo modo la historia si se es occidental rico y colmado o un pobre desgraciado de Africa o Asia.

Placer y sufrimiento

– Pero usted, que conoce a un tiempo la modernidad occidental y el universo modesto de nuestros antepasados, ¿qué mirada ejerce sobre esta más bella historia del hombre?

– Debo comprobar que desde esos antiguos tiempos el hombre ha progresado enormemente en técnica y conocimientos. Pero el gran banquete de la humanidad, la liberación del hombre que pudo anunciar el neolítico, no ha llegado. Buena parte de la población del globo no come para saciar su hambre... Creo que nuestro destino es irremediablemente paradójico. El neolítico señala el comienzo de un proceso que no ha cesado de aumentar hasta nuestros días. Y cada vez que el hombre resuelve un problema debe pagar el precio. Cada uno de nuestros avances tiene una contrapartida; cada victoria sobre la naturaleza suscita una nueva tensión en nuestro entorno; cada paso cumplido hacia el bienestar se acompaña con un nuevo sufrimiento; cada libertad conquistada se paga con una nueva restricción. ¿Habrá que resignarse y creer que el hombre nunca será verdaderamente libre? En realidad, las luchas siempre son inacabadas. En la aventura humana siempre habrá una parte de felicidad y una de desgracia, lo bueno y lo malo, la sabiduría y la locura. Es lo propio de nuestra especie.